completed by Bunka Institute of Language

일본어 으뜸

(주)시사일본어사
book.japansisa.com

차례

제 2 권

교사용 지침서에 대하여

이 지침서의 주요 목적은,「신분카일본어」작성에 즈음하여, 각 항목을 어떠한 시점에서 받아들여 어떠한 의도로 만들었는가, 또 수업을 할 때 어떤 점에 유의하면 좋은가를 소개하는 것이다.「신분카일본어」는 문법을 체계적으로 습득하는 것과, 일본 생활에서 매일 접하는 장면에서 커뮤니케이션을 할 수 있도록 하는 것을 목적으로 작성한 교재이다.

「신분카일본어」의 각 과는「본문」「문형」「연습」을 다루고 있다.

본문

본문은 학습자가 일본 생활에서 접할 수 있는 장면이나, 흥미를 가질 수 있는 장면 중에서 문형을 만든 것이다. 학습자가 즐겁게 학습할 수 있도록, 등장 인물이나 스토리에도 고심했다. 과마다 토픽을 설정하여 그 토픽에 근거한 본문을 구성하였는데, 그 중에는 과가 진행될 때마다 전개되는 스토리(예:제6, 17, 25, 28과 등)도 있으므로, 그러한 점이나 주요 등장 인물의 인간 관계에도 주목시키면서 학습을 진행하도록 한다.

문형

그 과에서 학습할 신출 문형을 다루어, 실제 발화로 연결지을 수 있도록 예문을 몇 개 제시한 것이다. 새로운 활용 등은 필요에 따라 활용표나 그림으로 제시했다.

본문 중에서 제시한 문형을 ⬭ 에 넣어 표시했다. 단, 한 문장으로는 의미를 이해하기 어려운 것이나, 학습자가 이해하기 어려운 것에 대해서는 본문의 문장과 ⬭ 의 문장을 변형한 것도 있다.

※로 표시한 문장은, 거기서 학습한 문형과 의미가 비슷한 문형이나, 앞 과에서 학습한 문형으로 복습이 필요한 것 등이다.

연습

신출 학습 항목과 발화를 연결짓기 위한 단문 바꿔 넣기 연습이다. 문형 연습을 마친 후 하는 것이므로, 신출 학습 항목을 학습자 자신의 표현으로서 정착시키는 것을 목적으로 하고 있다.

바꿔 쓰기 위한 질문은 교재에는 3, 4개밖에 제시하지 않았으므로, 학습자에 따라 보충한다.

각 과 (생활회화~제36과)

❶ 학습 목표

각 과에서 목표로 해야 할 것을 들었다.

❷ 학습 문형

각 과에서 학습하는 문형 일람이다.

❸ 본문

장면　각 본문의 장면에 대해 설명했다.

○　지도시의 유의점을 들었다.

✲　도입 예, 준비물, 발전 예 등, 수업을 할 때 참고가 되는 항목을 표시했다.

어휘/표현　주의를 요하는 부분이 있는 문장을 싣고, 그 부분에 밑줄을 긋고 주석을 달았다.

문형　그 과에서 학습할 신출 문형을 다루었다.

·　학습하는 문형에 대한 설명, 지도시의 유의점 등에 대해 정리했다. 설명문 중 「(誤)」는 바르지 않은 문장, 「?」는 부자연스러운 문장을 나타낸다.

➡　그 문형에 관련된 연습을 나타낸다.

➲　같은 문형으로 의미나 용법이 다른 것 등을 정리한 페이지가 권말(관련 문형 일람)에 있다는 것을 나타낸다.

연습　그 연습이 어떤 문법 항목과 관련있는 것인지를 나타내고, 필요한 것에는 〔연습 예〕나 〔해답 예〕 등을 실었다.

부록

관련 문형 일람

같은 문형으로, 의미나 용법이 다른 것 중 몇 개를 50음도 순으로 정리했다. 「신분카일본어 1·2」에서 「하이분카재패니즈1·2」까지의 관련 문형이 정리되어 있다.

이 지침서는 본교에서 일본어 교육에 종사해 온 교사의 의견을 참고로 하여 정리한 것입니다. 보다 좋은 책으로 만들기 위해, 의견을 보내 주시면 감사하겠습니다.

「신분카일본어 교사용 지침서」 작성 위원회

관련 교재

「新분카일본어 테이프」
「Bunka Japanese 리스닝 챌린지 1・2」(원제 :『楽しく聞こうⅠ・Ⅱ』)
「Bunka Japanese 리스닝 챌린지 1・2 L/C」(원제 :『楽しく聞こうテープ』)
「Bunka Japanese 회화 훈련」(원제 :『楽しく話そう』)
「Bunka Japanese 독해 강훈」(원제 :『楽しく読もう』)

커리큘럼 참고 예

각 과의 수업 전체의 흐름은 원칙적으로 아래와 같다.

1. 「新분카일본어 1・2」의 내용에 따른 학습
   (문형, 본문, 연습 등)

↓

2. 학습자의 필요에 따른 보충
   (청해, 회화, 독해, 작문, 표기, L L, VTR)

↓

3. 평가(테스트)와 피드백

신분카일본어 1권 진도표

✳ 첫 번째 달(90분용)

1일	第1課	2일	第1課	3일	第2課	4일	第3課	5일	第4課
1. あいさつ 　（生活会話） 2. 数 　（いくらですか） ＊楽　生活会話 　　（1），（2）		1. 時間 　（〜から〜まで） 2. 練習問題 ＊楽　1課		1. これ、それ、あれ 　（どれ） 2. 会話、練習 ＊楽　2課		1. この、その、あの 　（どの） 2. 会話、練習問題 ＊楽　3課		1. 形容詞 2. 反対語の練習	

6일	第4課	7일	第5課	8일	第5課	9일	第6課	10일	第6課
1. 形容詞 2. 作文、会話、 　練習問題 ＊楽　4課		1. 本文読解 2. 〜があります 3. 〜がいます		1. 練習問題 2. ロールプレー 　会話と応用 　　Q：〜はどこで 　　　すか ＊楽　5課		1. 本文読解 2. 不定形 　（〜ません） 3. 辞書形（助詞） 　では、には、へは 4. 1日のスケジュ 　ールを書く		1. 練習問題 2. 会話と応用練習 ＊楽　6課	

11일	第7課	12일	第7課	13일	第8課	14일	第8課	15일	第9課
1. 過去形 　本文読解 2. でも〜 　会話練習		1. 形＋形 2. 練習問題 ＊楽　7課		1. 〜間の練習 　本文読解 2.・どのくらい〜 　・〜が、あまり 　　〜ありません		1. 〜が〜ません 2. 応用会話 ＊楽　8課		1. 本文読解 2. Vて形	

16일	第9課	17일	第9,10課	18일	第10課	19일	第10課	20일	第10課
1. 〜の使い方を 　教えて下さい 　作文、会話 2. 練習問題 ＊楽　9課		1. 説明の練習 2. 10課本文読解		1.｛〜ています 　　〜しています 2. 助詞 　（文＋文）で ＊楽　10(1)課		1. 助詞復習 2. 練習問題 ＊楽　10(2)課		1. 1〜10課まとめ 2. 復習のための 　応用会話	

기호　＊楽：청해 교재인 리스닝 챌린지(원제：楽しく聞こう)의 약자　V：동사　Q:Question　A:Answer

8

1일	第11課	2일	第11課	3일	第12課	4일	第12課	5일	第13課
1. 本文読解 2. 家族の呼び方 3. 練習問題		1. 自己紹介 （3分スピーチ） 2. ～たいです （作文練習） ＊楽　11課		1. 本文読解 2. い形、な形の 　　副詞的 용법 3. Vの 基本体、 　　否定形の練習		1. メモの練習 2. 練習問題 ＊楽　12(1), (2)課		1. 本文読解 2. い形 　 な形　｝肯定形 　 名詞　　否定形	
6일	第13課	7일	第13課	8일	第13課	9일	第14課	10일	第14課
1. 本文復習 2.・思いますか 　・どう思いますか		1. 本文読解 　 Q:どうして～ 　 A:～からです 2. ～し、～し		1.・～にくい 　・～やすい 2. ～から 3. 練習問題 ＊楽　13課		1. 本文読解 2. V 過去形		1. 本文読解 2.・～ので 　・～たり～たり 3. 練習問題 4. 日記を書く	
11일	第14課	12일	第15課	13일	第15課	14일	第15課	15일	第16課
1. 復習 　 日記　チェック 2. 応用会話 　・～たり、～たり 　・～し、～し ＊楽　14課		1. 本文読解 2.・～のほうが～ 　・～のほうが 　　～より		1.・ずっと、 　・同じぐらい 2. ～は～より 3. 作文、会話		1. ～すぎる 2. 本文読解 　 練習問題 ＊楽　15課		1. ～んです 2. 本文読解 　・症状 　・体の名称 3. ロールプレー： 　 医者／患者	
16일	第16課	17일	第17課	18일	第17課	19일	第18課	20일	第18課
1. ～かもしれません 2. 前に、後で 3. 練習問題 ＊楽　16課		1. 本文読解 2. ～でしょう 　（天気） 　 気象用語		1. 本文読解 2.・～ませんか 　・～そうです 3. 練習問題 ＊楽　17課		1. 本文読解 2.・～てきた 　・～のは～ことだ 3. 練習問題		1. 総復習 2. 応用会話 ＊楽　18課	

기호　＊楽 : 청해 교재인 리스닝 챌린지（원제：楽しく聞こう）의 약자　V: 동사　Q:Question　A:Answer

신분카일본어 2권 진도표

✽ 첫 번째 달(90분용)

1일 第19課	2일 第19課	3일 第20課	4일 第20課	5일 第21課
1. 間、間に 2. 〜はずだ 3. 〜ている(服装)	1. 〜ている(服装) 　人さがしゲーム 2. 目的地への行き方 3. もよりの駅から 　家までの行き方 　を発表する	1. 〜うと思っている 2. 〜つもりだ *楽　19課	1. 〜かどうか 2. 〜なくてはいけ 　ない 　(〜なくてもいい)	1. (V)ないで 2. 〜た方がいい *楽　20課
6일 第21課	**7일 第22課**	**8일 第22課**	**9일 第23課**	**10일 第23課**
1. お___ください 2. 動詞の連体形 3. ロールプレー： 　訪問	1. 可能形 2. どのくらい〜 　(1週間に2、3回等) *楽　21課	1. 〜たことがある 2. 〜ば、〜なら 3. ロールプレー： 　アルバイトの 　問い合わせ	1. 〜そうだ(様態) 2. なにか、どこか、 　いつか、だれか *楽　22課	1. ほしい／ほし 　がっている 2. 〜たい／たがっ 　ている 3. ロールプレー： 　プレゼントを 　えらんであげる
11일 第24課	**12일 第24課**	**13일 第25課**	**14일 第25課**	**15일 第26課**
1. 親しい人との 　会話 *楽　23課	1. 電話する時の 　表現 2. 〜けど	1. あげる、くれる、 　もらう *楽　24課	1. (V)ようになる 2. 日本の贈答習慣 　や年中行事	1. 自動詞と他動詞 *楽　25課
16일 第26課	**17일 第27課**	**18일 第27課**	**19일 第27課**	**20일 第28課**
1. 〜(の)ではなくて 2. 〜ながら 3. 〜ことがある	1. (状態)ている 2. (状態)てある *楽　26課	1. 〜ておく 2. 〜ように 3. 〜まま	1. 中間ーテスト *楽　27課	1. 〜てあげる 　〜てくれる 2. 〜てもらう 　〜しか

기호 　*楽：청해 교재인 리스닝 챌린지(원제:楽しく聞こう)의 약자　V: 동사　Q:Question　A:Answer

1일	第28課	2일	第29課	3일	第29課	4일	第30課	5일	第30課
1. ～する時／ 　～した時 2. 文脈指示の 　「あの」、「あれ」		1. くださる、いただ 　く、さしあげる 2. ～てくださる 　～ていただく 　～てさしあげる ＊楽　28課		1. ～ようにしている 2. ～たところだ 3. お見舞いの表現		1. 敬語(尊敬) ＊楽　29課		1. 敬語(謙譲) 2. ホテルの予約	

6일	第31課	7일	第31課	8일	第32課	9일	第32課	10일	第33課
1. ～たら、～なら 2. ～ことにする 　～ことになる ＊楽　30課		1. (まるで)～の 　ようだ 2. 見える、見られる、 　聞こえる、聞ける 3. 変化の表現 　～くなる／する 　～になる／する		1. (推測)ようだ 2. (推測)みたいだ ＊楽　31課		1. 迷惑の受身		1. 受身 ＊楽　32課	

11일	第33課	12일	第34課	13일	第34課	14일	第35課	15일	第35課
1. 受身(ものの説明) 2. ～しているとこ 　ろだ 3. ～ために		1. 使役 ＊楽　33課		1. (V)なくて 2. ～のに 3. ロールプレー： 　アドバイスする		1. (推測)そうだ 　そうにない 2. 謝罪の表現 ＊楽　34課		1. (状態の結果) 　～ている 2. ていねいに 　許可を求める	

16일	第36課	17일	第36課	18일	第37課	19일	第37課	20일	第38課
1. 使役受身 ＊楽　35課		1. ～うちに 2. ～てある 3.「使役受身」で 　小さいころ、 　クラブ活動の 　話をする		1. 志望作文構成 2. 作文練習 ＊楽　36課		1. 面接の流れと 　よくきかれる話題 2. 面接の練習		予備(またはまとめ のテスト)	

기호　＊楽：청해 교재인 리스닝 챌린지(원제：楽しく聞こう)의 약자　V：동사　Q:Question　A:Answer

3개월 코스

신분카일본어 1권 진도표

✻ 첫 번째 달(60분용)

1일 第　課	2일 第　課	3일 第1課	4일 第1課	5일 第2課
1. あいさつ 2. 数 　（いくらですか） ＊楽　生活会話 　　（1）、（2）	1. 数詞復習 2. 会話練習 　（いくらですか） 　$\{$ 客 　　 店員 3. 練習問題	1. 時間 　（〜から、〜まで） 2. 会話	1. 練習問題 2. 復習 　（月、日、曜日） 　Q：〜はいつで 　　すか ＊楽　1課	1. これ、それ、あれ 　（どれ） 2. ロールプレー 　Q：何ですか
6일 第2課	**7일 第3課**	**8일 第3課**	**9일 第4課**	**10일 第4課**
1. 練習問題 2. 応用会話 ＊楽　2課	1. この、その、あの 　（どの） 2. 練習問題	1. 会話練習 　Q：＿＿何ですか 　A：＿＿です	1. い形、な形 　反対語 2.　$\{$ 〜くない 　　 〜じゃない	1. い形、な形 　復習 2. 絵をみて会話 ＊楽　3、4課
11일 第5課	**12일 第5課**	**13일 第5課**	**14일 第6課**	**15일 第6課**
1. 〜があります 　〜がいます 2. 位置を表す 　ことば	1. 本文読解 2. Q：〜はどこで 　　すか 　A：〜ここです 　　（作文） ＊楽　5課	1. 練習問題 2. ロールプレー 　（復習） 　上中下、前後、左右 　＋$\{$ 〜がいます 　　　〜があります	1. 本文読解 2. 助詞 3. 1日のスケジュー 　ルを書く	1. 否定形 　（〜ません） 2. では、には、へは
16일 第6課	**17일 第7課**	**18일 第7課**	**19일 第7課**	**20일 第7課**
1. V辞書形 2. 練習問題 　応用会話 ＊楽　6課	1. 本文読解 2. 過去形 　それから〜	1.　$\{$ どんな〜 　　 だけ 2. 形＋形 　作文	1. ロールプレー： 　会話練習 2. A：〜を落しました 　Q：〜どんな〜ですか 　A：〜くて〜い〜です	1. 練習問題 ＊楽　7課

기호　＊楽：청해 교재인 리스닝 챌린지(원제:楽しく聞こう)의 약자　V: 동사　Q:Question　A:Answer

1일	第8課	2일	第8課	3일	第8課	4일	第9課	5일	第9課
1. 本文読解 　どのぐらい、 　〜ぐらい 2. 助詞 　・〜が、〜で、 　・〜が〜あまり 　　〜ありません		1. 本文読解 　〜が〜ません 2. 作文 　応用会話		1. 練習問題 2. ロールプレー 　どのぐらい、〜が 　〜ありません ＊楽　8課		1. 本文読解 2. Ｖて形 　〜てください		1. 〜の使い方を 　教えて下さい 　作文、会話 2. 練習問題	
6일	**第9課**	**7일**	**第10課**	**8일**	**第10課**	**9일**	**第10課**	**10일**	**第11課**
1. 説明の練習 　（〜の使い方） 2. 作文 ＊楽　9課		1. 本文読解 2. ｛〜ています 　　〜しています 　助詞(文+文)		1. 本文読解 2. ロールプレー： 　｛〜ています 　　〜しています		1. 1課〜10課まとめ 　復習 2. 応用会話 ＊楽　10(1), (2)課		1. 本文読解 2. 家族の呼び方	
11일	**第11課**	**12일**	**第11課**	**13일**	**第11課**	**14일**	**第12課**	**15일**	**第12課**
1. 家族の呼び方 2. 〜たいです		1. 3分スピーチ 　・自己紹介 　・作文してチェ 　　ックする		1. 練習問題 ＊楽　11課		1. 本文読解 2. い形｝＋Ｖ 　な形 　基本体 　否定形		1. い形｝＋Ｖ 　な形 2. メモ練習	
16일	**第12課**	**17일**	**第13課**	**18일**	**第13課**	**19일**	**第13課**	**20일**	**第13課**
1. 否定形 2. 練習問題 ＊楽　12課		1. 本文読解 2. い形｝肯定形 　な形｝否定形		1. 本文読解 2. Q：どうして〜 　A：〜からです		1. 〜し、〜し 2. 〜にくい 　〜やすい		1. 〜から、時 2. 練習問題 ＊楽　13課	

기호　＊楽：청해 교재인 리스닝 챌린지（원제：楽しく聞こう）의 약자　Ｖ:동사　Q:Question　A:Answer

1일 第14課	2일 第14課	3일 第14課	4일 第14課	5일 第15課
1. 本文読解 2. V{ 過去形 　　　否定形	1. 本文読解 2. ・〜たり〜たり 　・〜ので	1. 日記を書く 2. 練習問題 3. 日記チェック、 　復習	1. 応用会話 　・〜たり〜たり 　・〜し〜し ＊楽　14課	1. 本文読解 2. ・〜のほうが 　・〜のほうが 　　〜より

6일 第15課	7일 第15課	8일 第15課	9일 第15課	10일 第16課
1. ・ずっと 　・同じくらい 2. ・〜も〜も 　・〜は〜より	1. 〜すぎる 2. 作文、会話	1. 本文読解 2. ・〜がいちばん 　・〜の中でいち 　ばん Q:どれ、どの、どこ 　が一番〜ですか	1. 練習問題 2. ロールプレー 　Q：どちらが〜 ＊楽　15課	1. 〜んです 2. 本文読解 　・症状 　・体の名称

11일 第16課	12일 第16課	13일 第16課	14일 第17課	15일 第17課
1. ロールプレー 　医者：どうしま 　　　したか 　患者：〜んです	1. 〜かもしれません 2. ・前に 　・後で 　会話練習	1. 練習問題 ＊楽　16課	1. 本文読解 2. 〜でしょう	1. 天気 　気象用語 2. 会話 　A:天気はどうで 　　したか 　B:________

16일 第17課	17일 第17課	18일 第18課	19일 第18課	20일 第18課
1. 本文読解 2. ・〜ませんか 　・〜そうです	1. そうです 2. 会話練習 3. 練習問題 ＊楽　17課	1. 本文読解 2. ・〜てきた 　・〜のは〜ことだ	1. 練習問題 2. 応用会話 　(資料をみて話す) ＊楽　18課	1. 総練習 2. まとめのテスト

기호　＊楽：청해 교재인 리스닝 챌린지(원제:楽しく聞こう)의 약자　V:동사　Q:Question　A:Answer

신분카일본어 2권 진도표

✻ 첫 번째 달(60분용)

1일 第19課	2일 第19課	3일 第19課	4일 第20課	5일 第20課
1. 間、間に 2. 〜ている(服装)	1. 〜はずだ 2. 目的地への行き方 ✻楽　19(1)課	1. もよりの駅から 　家までの行き方を 　発表する ✻楽　19(2)課	1. 〜うと思っている 2. 〜つもりだ	1. 〜かどうか 2. 〜なくてはいけ 　ない
6일 第20課	**7일 第21課**	**8일 第21課**	**9일 第21課**	**10일 第22課**
✻楽　20課	1. (V)ないで 2. 〜た方がいい	1. お〜ください 2. ロールプレー： 　訪問	1. 動詞の連体形 ✻楽　21課	1. 可能形 2. どのくらい〜 3. 〜ば、〜なら
11일 第22課	**12일 第22課**	**13일 第23課**	**14일 第23課**	**15일 第23課**
1. 〜たことがある 2. ロールプレー： 　アルバイトの 　問い合わせ	✻楽　22課	1. (様態)そうだ 2. なにか、どこか、 　いつか、だれか	1. ほしい／ほしがっ 　ている 2. 〜たい／たがっ 　ている	✻楽　23課
16일 第24課	**17일 第24課**	**18일 第24課**	**19일 第　課**	**20일 第25課**
1. 親しい人との 　会話	1. 電話する時の 　表現	✻楽　24課	中間テスト	1. あげる 2. くれる 3. もらう

기호 ✻楽：청해 교재인 리스닝 챌린지(원제:楽しく聞こう)의 약자　V:동사　Q:Question　A:Answer

1일	第25課	2일	第25課	3일	第26課	4일	第26課	5일	第26課
1. (V)ようになる 2. 日本の贈答習慣 　や年中行事		＊楽　25課		1. 自動詞と他動詞		1. ～ではなくて～ 2. ～ことがある		1. ～ながら ＊楽　26課	
6일	**第27課**	**7일**	**第27課**	**8일**	**第27課**	**9일**	**第28課**	**10일**	**第28課**
1. (状態)ている 2. (状態)てある		1. ～ておく 2. ～ように 3. ～まま		＊楽　27課		1. ～てあげる 2. ～てくれる 3. ～てもらう		1. ～しか 2. ～する時／ 　した時	
11일	**第28課**	**12일**	**第29課**	**13일**	**第29課**	**14일**	**第29課**	**15일**	**第30課**
1. 文脈指示の［あ］ ＊楽　28課		1. くださる(～て) 2. いただく(～て) 3. さしあげる(～て)		1. お見舞いの表現 2. ～ようにして 　いる		1. ～たところだ ＊楽　29課		1. 敬語(尊敬)	
16일	**第30課**	**17일**	**第30課**	**18일**	**第　課**	**19일**	**第31課**	**20일**	**第31課**
1. 敬語(謙譲)		＊楽　30課		中間テスト		1. ～たら、～なら 2. ことにする 　ことになる		1.(まるで)のようだ 2. 変化の表現 　～くなる・する 　～になる・する	

기호　＊楽 : 청해 교재인 리스닝 챌린지(원제 :楽しく聞こう)의 약자　V: 동사　Q:Question　A:Answer

1일	第31課	2일	第32課	3일	第32課	4일	第32課	5일	第33課
1. 見える、見られる、 　聞こえる、聞ける ＊楽　31課		1. (推測)ようだ 2. (推測)みたいだ		1. 迷惑の受身		＊楽　32課		1. 受身	
6일	**第33課**	**7일**	**第33課**	**8일**	**第34課**	**9일**	**第34課**	**10일**	**第34課**
1. 〜しているとこ 　ろだ 2. 〜ために		＊楽　33課		1. 使役		1. 〜なくて 2. 〜のに		＊楽　34課	
11일	**第35課**	**12일**	**第35課**	**13일**	**第35課**	**14일**	**第36課**	**15일**	**第36課**
1. 〜そうだ 　〜そうにない 2. 謝罪の表現		1. (状態の結果) 　ている 2. ていねいに 　許可を求める		＊楽　35課		1. 使役受身		1. 〜うちに 2. 〜てある	
16일	**第36課**	**17일**	**第37課**	**18일**	**第37課**	**19일**	**第37課**	**20일**	**第　課**
＊楽　36課		1. 志望作文の構成 2. 作文練習		1. 面接の流れと 　話題 2. 面接の練習		＊楽　37課		まとめのテスト	

기호　＊楽 : 청해 교재인 리스닝 챌린지(원제 楽しく聞こう)의 약자　V: 동사　Q:Question　A:Answer

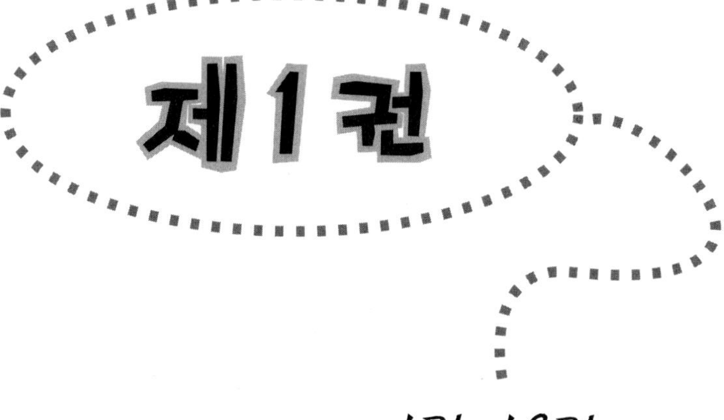

1과~18과

テストは9時10分からです。

시간 표현(시간, 요일, 월일)을 사용하여, 은행, 가게 등의 영업 시간이나 학교 스케줄에 대해서
말할 수 있다.

1. 時間
2. { A：1時ですか。
   { B：はい、1時です。
   { A：何時ですか？
   { B：1時です。
3. テストは9時10分から10時までです。
4. 今日のテストは9時10分から10時までです。
5. 曜日
6. 〜月〜日
7. A：テストはいつですか。
   B：月曜日です。
8. A：休みはいつですか。
   B：土曜日と日曜日です。

❶ テストは9時10分からです。

⊠ 장면

선생님의 연구실 앞에서, 학생이 선생님에게 시험 시간에 대해서 질문하고 있다.

⊠ 어휘/표현

① すみません。
　사람에게 무언가를 물을 때에 처음 사용하는 말이다.

---

1 ┃ 時間

- 1시부터 12시, ～시 반, 오전, 오후, 5분씩 말하는 방법, ～분 전을 학습한다.
  1분 간격의 표현 방법은 제10과 문형 1에서 학습한다.
- 연습할 때는 악센트에 주의한다.
- 「よじ」「しちじ」「くじ」의 읽는 방법에 주의한다.
- 10분은 「じゅっぷん」이라고도 한다.
- 텔레비전 프로그램란은 「午前」「午後」로 알기 쉽게 표시했다. 시간 부분만 알면 된다.
- 시계의 모형을 준비하여, 교과서에 없는 시간도 연습한다.

➡ 연습 a, 연습 b

---

2 ┃
A : 1時ですか。
B : はい、1時です。

A : 何時ですか?
B : 1時です。

- 시간을 묻는 법과 대답하는 법을 학습한다.
- 시간을 말하는 방법에 주의를 집중시키기 위해 「いいえ」라고 할 때는 「～じゃありません。」을 쓰지 않고, 시간으로 대답하게 한다. 「～じゃありません。」은 제2과 문형 2에서 학습한다.
- 시계의 모형을 준비하여, 교과서에 없는 시간도 연습한다.

➡ 연습 a

---

3 ┃ テストは9時10分から10時までです。

- 기간을 말할 때의 「～から～までです。」를 학습한다.
- 문장이 길기 때문에, 우선 「何時からですか。」「何時までですか。」로 나누어서 연습한다. 그리고 나서 「～から～までです。」를 사용하여 한 문장으로 만드는 연습을 한다.

➡ 연습 b

---

4 ┃ 今日のテストは9時10分から10時までです。

- 「名詞＋の＋名詞」의 형태로, 뒤의 명사에 대해 설명을 덧붙일 때에 쓰는 「の」를 학습한다.

➡ 연습 b

✱ 사람에게 무언가를 물을 때 말을 거는 방법, 감사 표현도 학습 포인트이다. 「今日のテスト」부분을 바꿔 넣으면서, 응용 연습을 하면 좋다.

🔰 연습

a · 문형 1, 2에서 학습한 표현을 사용하여 연습한다.

· 시간을 말하는 방법뿐만 아니라, 사람에게 말을 걸 때 「すみません」이라고 하는 것과, 감사의 말을 들었을 때 대답하는 방법도 함께 연습한다.

발전 예〉 세계 각국의 시차 일람을 이용해서, 2인 1조로

　　　　　A : タイは今、何時ですか。

　　　　　B : 12時です。

와 같이, 우리 나라와 세계 주요 도시의 시간을 대답하게 한다.

b · 문형 1, 3, 4에서 학습한 표현을 사용해서 연습한다.

연습 예〉 (日本の)郵便局は9時から5時までです。

✱ 우리 나라의 우체국, 은행, 학교 등이 몇 시부터 몇 시까지인지를 이야기하게 하면 좋다.

❷ 休みはいつですか。

🔰 장면

휴일은 언제인지, 학생이 선생님에게 질문하고 있다.

🔰 문형

5	曜日

· 요일을 말하는 법을 학습한다.

· 연습할 때는 악센트에 주의한다.

✱ 달력을 사용해서 도입하면 좋다.

✱ 예문 1)의 「テスト」 부분을 바꿔 넣으면서, 질문을 연습하면 좋다.

6	～月～日

· 월일을 말하는 방법을 학습한다.

· 연습할 때는 악센트에 주의한다.

· 「しがつ」「しちがつ」「くがつ」의 읽는 방법에 주의한다.

· 「ついたち」부터 「とおか」까지와, 「じゅうよっか」「じゅうくにち」「はつか」「にじゅうよっか」「にじゅうくにち」의 읽는 방법에 주의한다.

✱ 달력을 준비해서, 여러 가지로 짝을 맞추어 연습하면 좋다.

✱ 교과서 p. 26, 27에 일본의 주된 연중 행사를 월별로 소개한 일러스트와 일본 축일표가 있으니, 적절히 사용하면 좋다.

7

A : テストは<u>いつ</u>ですか。
B : 月曜日です。

・ 때를 묻는 「いつ」를 학습한다.
・ 기간을 묻는 방법 「いつから」「いつまで」도 연습한다. 교재에는 「いつまで」는 없지만,
학습자에게 소개하고 연습한다.

✱ 학습자에게 서로의 생일에 대해 이야기하게 하면 좋다.

8

A : <u>休み</u>はいつですか。
B : <u>土曜日</u>と<u>日曜日</u>です。

・ 병렬의 「と」를 학습한다.
・ 이 단계에서는 아직 어휘가 적으니까, 요일, 월일 등으로 연습한다.

✱ 각 학교의 실정에 맞춰, 달력을 보며 주간, 월간, 연간 스케줄에 대해서 이야기해 보고, 듣
기 연습도 하면 좋다.

▶ **일본의 주된 연중행사** (p. 26, 27)
・1월부터 12월까지의 주된 행사를 일러스트로 나타냈다.

▶ **일본의 축일** (p. 27)
・일본의 축일을 표로 정리했다. ✱는 연도에 따라 날짜가 이동할 수 있는 것을 나타내고
있다.

これは誰のテープですか。

지시사를 사용하여, 가까이에 있는 사물에 대해 누구의 것인지 묻거나 대답할 수 있다.

◆ 物の名前（p.35）

1. A : 何ですか。
　 B : 教科書です。

2. A : 教科書ですか。
　 B : ｛ はい、教科書です。
　　　　 いいえ、教科書じゃありません。ノートです。

3. A : 誰の教科書ですか。
　 B : 私の教科書です。／私のです。

4. これ
　 それ ｝は私の教科書です。
　 あれ

5. それも私のです。

❶ これは誰のテープですか。

⊠ 장면

교실에서, 선생님이 학생에게 잃어버린 테이프의 주인을 묻고 있다.

⊠ 문형

◆ 物の名前（p.35）

교실 안, 학교 안에서 사용하는 물건의 명칭을, 실물을 보이거나 그림을 보이면서 연습
한다. 특히 문방구의 명칭, 「教科書」「テープ」등은 확실히 외우게 한다.

➜ 연습 a

1

A：<u>何</u>ですか。

B：<u>教科書</u>です。

- 주변에 있는 물건의 이름을 묻거나 대답하는 방법을 학습한다.
- 「(これは)何ですか。」라는 질문은 원래는 무엇인가 모르는 물건, 또는 본 적이 없는 물건 등을 발견했을 때 쓰인다. 그러나, 여기에서는 주변에 있는 물건의 이름을 학습하는 하나의 수단으로서 쓰였다. 물건의 이름을 물을 때, 보통 「これは日本語で何と言いますか。」라고 하지만, 여기서는 보다 기본적인 문형인 「何ですか。」를 연습한다.

➡ 연습 a

2

A：<u>教科書</u>ですか。

B：{ はい、<u>教科書</u>です。
いいえ、<u>教科書</u><u>じゃありません</u>。ノートです。

- 부정형을 학습한다.
- 「〜ではありません。」도 같은 식으로 사용되지만, 회화에서는 「〜じゃありません。」을 자주 쓰기 때문에, 여기서는 「〜じゃありません。」을 연습한다.
- 부정형에는 「〜じゃないです。」도 있지만, 이 교재에서는 「〜じゃありません。」으로 통일했다.

3

A：<u>誰</u>の教科書ですか。

B：<u>私の</u>教科書です。／<u>私の</u>です。

- 사람에게 사용되는 의문사 「誰」와, 소유자를 나타내는 「の」를 학습한다.
- 우선 「私の教科書です。」「吉田さんのノートです。」와 같이 「の」를 확실히 연습한 다음, 「誰」를 사용한 질문을 연습한다.

＊ 학습자가 가지고 있는 물건을 모아서 「誰の(ノート)ですか。」라고 교사가 질문하면 대답하는 연습과, 학습자끼리 서로 질문하는 연습 등을 하면 좋다.

4

これ
それ
あれ } は私の教科書です。

- 안전(眼前)지시(현장지시)의 「こ・そ・あ」용법을 학습한다.
- 안전(眼前)지시라는 것은, p. 7의 다음 그림과 같이 화자의 영역에 있다고 여겨지는 물건에는 「これ」, 청자의 영역에 있다고 여겨지는 물건에는 「それ」를 쓰고, 화자・청자 양쪽의 영역 바깥에 있는 것은 「あれ」를 사용하는 용법이다.
- 연습은 상황 설정을 확실히 한 상태에서 한다. (다음 그림 참조)
- 「どれ」는 제3과 문형 3에서 학습한다. 또, 문맥 지시 용법은 제28과 문형 6에서 학습한다.

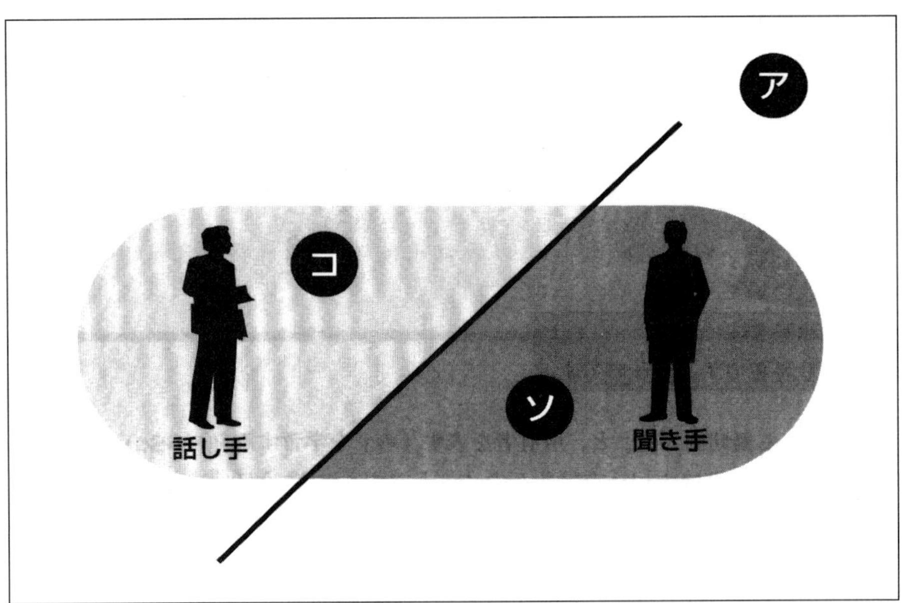

5 それも私のです。

- 조사 「も」를 학습한다.
- 질문에 대한 대답이 긍정일 때는 「それも私のです。」이지만, 부정일 때는 「それは私のじゃありません。」으로 되는 것에 주의한다.
- 조사 「に」가 붙는 것과 붙지 않는 것이 있으므로, 주의한다. (제6과 문형 4 참조)

＊ 「テープ」부분을 바꿔 넣으며 응용연습을 하면 좋다.

연습

a ・물건의 이름과 문형 1에서 학습한 표현을 사용하여 연습한다.

この大きい猫は誰のですか。

3. この大きい猫は誰のですか。 27

학습 목표

い형용사와 지시사(この、その、あの)를 사용하여, 가까이에 있는 물건에 대해서 누구의 것인지 묻거나 대답할 수 있다.

학습 문형

1. この
その
あの ┃ 猫は私のです。
2. その大きい猫は私のです。
3. あなたの猫はどれですか。
4. A：あなたの猫はどれですか。
   B：あの黒いのです。

본 문

❶ この大きい猫は誰のですか。

▧ 장면

동물병원의 대합실에서, 각각 어느 것이 자신의 고양이인지를 설명하고 있다.

▧ 어휘/표현

① あなたの猫はどれですか。

「あなた」는 윗사람에게 쓰면 실례가 되므로, 교실에서 연습할 때에는 「～さん」이라고 상대의 이름을 말하도록 지도한다.

▧ 문형

1 この
その
あの ┃ 猫は私のです。

- 지시사「この、その、あの」를 학습한다.
- 제2과 문형 4에서 학습한「これ、それ、あれ」가 독립된 명사(지시대명사)로서 쓰이는 것에 비해,「この、その、あの」는 뒤에 반드시 명사를 필요로 한다는 것을 이해시킨다.
- 학습자는「これ猫は」「このは」 등으로 헷갈리기 쉬우므로 주의한다.
- 「この〜」「その〜」「あの〜」의 연습도, 상황설정〔제2과 문형 4 참조〕을 확실히 한 상태에서 한다.

✱ 학습자가 가지고 있는 여러 가지 물건을 모아서 교사가 적당히 나눈 다음, 학습자에게「この〜は誰のですか。」라고 질문시키고, 주인인 학습자에게「その〜は私のです。」라고 대답하도록 연습을 하면 좋다.

2　その<u>大きい</u>猫は私のです。

- 「い형용사＋명사」의 사용 방법을 학습한다.
- 문장이 길기 때문에, 아래와 같은 단계를 밟아서 연습한다.

형용사＋명사 (**大きい猫**)

この・その・あの＋형용사＋명사 (**その大きい猫**)

この・その・あの＋형용사＋명사＋私のです。(**その大きい猫は私のです。**)

- 여러 가지 い형용사는 제4과에서 학습하므로, 여기서는 교과서에 있는 い형용사(大きい、小さい、黒い、青い、赤い)에 한해서 학습한다.

✱ 학습자가 가지고 있는 물건 중에서 같은 종류의 것으로, 색, 크기가 다른 물건을 2, 3개씩 모아서 연습하면 좋다.

3　あなたの猫は<u>どれ</u>ですか。

- 의문사「どれ」를 학습한다.〔문형 4 참조〕

4　A : あなたの猫はどれですか。
　　B : あの黒いのです。

- 명사 대신 사용하는「の」를 학습한다.
- 문형 3,4는 동종의 것이 몇 개인가 있다는 것이 전제가 된다.「どれですか。」의 대답으로서는, 손가락으로 가르키며「それです。」라고 말하거나, 물건의 특징을 이야기하며「その黒いのです。」라고 말한다.
- 학습자는「黒いの猫」라고 틀리기 쉬우므로 주의한다.
- 문형 3과 4를 도입한 후,

　　　　A : 〜さんのかばんはどれですか。
　　　　B : それです。その大きいのです。

와 같이 연습한다.

4 広いですか。

형용사를 사용하여, 물건의 특징이나 모양을 묻고 이야기할 수 있다.

학습 문형

◆ い形容詞・な形容詞 （p. 50~52）

1. A：吉田さんの部屋は広いですか。

   B：{ はい、<u>広いです</u>。
       いいえ、<u>広くありません</u>。

2. A：佐藤さんの部屋は静かですか。

   B：{ はい、<u>静か</u>です。
       いいえ、<u>静か</u>じゃありません。

3. この<u>きれいな</u>傘は吉田さんのです。

본 문

▨ 문형

◆ い形容詞・な形容詞 （p. 50~52）

· 문형에 들어가기 전에, 그림 등을 사용하여, p. 50~52를 모두 외울 때까지 연습한다.
· 연습할 때는, 문말에 「～です。」를 붙인 형태로 한다. 부정형은 문형 1, 2에서 학습한다.

✽ 형용사의 악센트

1 ひろいです	ひろくありません	5 ながいです	ながくありません
2 せまいです	せまくありません	6 みじかいです	みじかくありません
3 おおきいです	おおきくありません		みじかくありません
4 ちいさいです	ちいさくありません	7 たかいです	たかくありません

8	やすいです	やすくありません	13 あかるいです	あかるくありません
9	あついです	あつくありません	14 くらいです	くらくありません
10	さむいです	さむくありません	15 うるさいです	うるさくありません
11	あたらしいです	あたらしくありません あたらしくありません	16 きたないです	きたなくありません
			17 しずかです	しずかじゃありません
12	ふるいです	ふるくありません	18 きれいです	きれいじゃありません

1

> A：吉田さんの部屋は広いですか。
> B：{ はい、<u>広いです</u>。
>   { いいえ、<u>広く</u>ありません。

- い형용사의 긍정형과 부정형을 학습한다.
- 교재의 일러스트를 사용하여 질문하거나 대답하는 연습뿐만 아니라, 교재에 나와 있는 이외의 것(예 長いえんぴつ、小さい消しゴム 등)도 보이며 연습하거나, 「〜さんの部屋は広いですか。」「〜さんのかばんは新しいですか。」라고 질문한다.
- い형용사의 부정형에는 「〜くないです。」의 형도 있지만, 이 교재에서는 「〜くありません。」으로 통일했다. 교재의 일러스트 등을 사용하여 확실히 연습한다.

2

> A：佐藤さんの部屋は静かですか。
> B：{ はい、<u>静かです</u>。
>   { いいえ、<u>静か</u>じゃありません。

- な형용사의 긍정형과 부정형을 학습한다.
- な형용사의 부정형에는 「〜じゃないです。」의 형도 있지만, 이 교재에서는 「〜じゃありません。」으로 통일했다.

✳ 여기에서 이 과에서는 학습하지 않은 な형용사 「元気な」「ハンサムな」 등을 소개해도 좋다.

3　この<u>きれいな</u>傘は吉田さんのです。

- な형용사가 명사에 접속하는 형태를 학습한다.
- 여기서, 제3과 문형 2에 있는 그림과 문형 3의 그림을 비교하며, 형용사에는 「い형용사」「な형용사」의 두 가지가 있다는 것, 두 가지 형용사의 구별 방법은 뒤에 명사가 붙을 때의 형태라는 것을 확인한다. 또, 「い형용사」「な형용사」「명사」라는 말도 여기서 소개해 두면 좋다.

✳ 여러 가지 물건을 준비해서, 교사가 「大きいかばん」「短いえんぴつ」「きれいな傘」 등을 말하면, 학습자가 그것에 해당하는 물건을 찾는다. 익숙해지면 학습자가 실물을 가리키면서 「大きいかばんです。」 등의 말하기 연습을 하면 좋다.

※ その大きい猫は私のです。（제3과 문형 2）
　い형용사와의 차이를 확인하기 위해 실었다.

5 冷蔵庫の中にビールとおさしみがあります。

장소나 위치를 나타내는 표현(위, 가운데, 밑, 앞, 옆 등)을 사용하여 사물의 존재, 소재를 설명할 수 있다.

◆ 場所の言い方 （p.60）

1. テーブルの上にケーキとコーヒーがあります。
   車の後ろに男の子がいます。
2. 駅のそばにデパートや病院（など）があります。
3. { A：テーブルの上に何がありますか。
    { B：ケーキとコーヒがあります。
   { A：電話の横に誰がいますか。
    { B：田中さんがいます。
   { A：箱の中に何がいますか。
    { B：猫がいます。
4. A：デパートはどこにありますか。／どこですか。
   B：デパートはここにあります。／ここです。
5. A：この階にお手洗いはありますか。
   B：{ はい、あります。あそこです。
      { いいえ、ありません。3階にあります。

❶ 冷蔵庫の中にビールとおさしみがあります。

❌ 장면

어느 가정의 부엌에서, 귀가한 남편(一郎)이 아내(幸子)가 남긴 편지를 읽고 있다.

＊ 幸子가 집에 있는지 없는지, 이 남자는 누구인지 등의 상황을 처음에 간단한 Q&A로 이해시킨다.

⊠ 어휘/표현

① <u>おかえりなさい。</u>

집에 있는 사람이 귀가하는 사람에게 하는 인사말이다. 돌아온 사람이 하는 인사말로 「ただいま」도 소개하면 좋다.

⊠ 문형

◆ 場所の言い方 (p. 60)

- 문형 1을 학습하기 전 단계로서, 「上」「下」 등 위치를 나타내는 표현을 학습한다.
- 「横」와 「隣」의 차이는 다음과 같다.

  横…「人の横に人」「物の横に物」「物の横に人」와 같이 같은 종류의 것끼리도, 다른 종류의 것에도 쓸 수 있다.

  隣…「人の隣に人」「本の隣に本」「建物の隣に建物」와 같이 같은 종류의 것에만 쓴다.

➡ 연습 a

1 テーブルの<u>上</u>にケーキとコーヒー<u>があります</u>。
車の後ろ<u>に</u>男の子<u>がいます</u>。

- 물건과 사람의 존재를 나타내는 표현을 학습한다.
- 장소의 표현(p. 60)을 학습한 후, 「～に～があります。／います。」의 형으로, 교재의 일러스트와 실물 등을 사용해서 연습한다.
- 물건에는 「ある」, 사람이나 동물에는 「いる」를 쓰는 것에 주의한다.
- 이 문형을 그대로 의문문으로서 쓰는 예로, 「～さんのうちにプールがありますか。」처럼 그다지 일반적이지 않은 것에 대해서 묻는 경우가 있다. 그러나 이런 예는 그다지 많지 않기 때문에, 의문문은 여기에서는 연습하지 않는다. 「います／あります」를 사용한 의문문은 문형 3, 4, 5에서 학습한다.

* 이 문형의 특징은 「冷蔵庫の中にビールがあります。」와 같이 「どこに」(「冷蔵庫の中に」) 와, 「何が」(「ビールが」) 등 , 동시에 새로운 정보로서 상대방에게 제시하는 것이다. 상대에게 어떤 장소에 무엇인가가 있다는 것을 알려줌으로써, 주의를 촉구하거나 그것을 이용하도록 권유하거나 하는 커뮤니케이션상의 기능을 가진다. 그래서, 본문 1은 외출한 아내가 남편에게 남겨 놓은 저녁 식사의 메모라는 설정으로 되어 있다.

➡ 연습 a, 연습 b

2 駅のそばにデパート<u>や</u>病院<u>(など)</u>があります。

- 병렬의 「や」를 학습한다.
- 병렬의 「と」는 제1과 문형 8에서 학습했다. 「と」는 있는 물건을 모두 나열하지 않으면 안 되지만, 「や」는 2, 3개의 예만 들면 된다. 「など」는 일상 회화에서는 생략되는 경우가 많다.

3

A：テーブルの上に何がありますか。
B：ケーキとコーヒーがあります。

A：電話の横に誰がいますか。
B：田中さんがいます。

A：箱の中に何がいますか。
B：猫がいます。

- 존재하고 있는 사람과 동물이 누구(무엇)인가를 묻는 표현을 학습한다.
- 사람에 대해서 물을 때에는「誰がいますか。」, 사물의 경우에는「何がありますか。」, 동물의 경우에는「何がいますか。」가 된다. 의문사와 동사의 조합에 주의한다.

✱ 학습자를 2인 1조로 해서, 각각 A, B의 다른 일러스트 시트를 준다. A, B 일러스트는 약간씩 차이점이 있다. 학습자는 문형 1~3을 사용하여 다른 부분을 찾는 연습을 하면 좋다.

✖ 연습

a
- 장소의 표현과 문형 1에서 학습한 표현을 사용하여 연습한다.
- Q&A 등은 하지 말고, 일러스트를 보고 말할 수 있도록 연습한다.
- 문형 1에 p. 60의 일러스트에 대응하는 예문이 있으므로 참고로 하면 좋다.

b
- 문형 1에서 학습한 표현을 사용한 간단한 퀴즈다.
- 연습을 하기 전에 좌우를 확인해 둔다.

    답 ⑥私　　　　①吉田さん　　　③先生
      ②リンさん　④小野さん　　　⑤佐藤さん

❷ デパートはどこにありますか。

✖ 장면

역의 서쪽 입구에서 佐藤(회사원：제6과 참조)가 지나가는 여성에게 백화점의 위치를 묻고 있다.

✖ 어휘/표현

① ええと…

생각하고 있을 때에 쓰는 표현이다.
② ああ、東口ですね。
상대방에게 확인할 때에 쓴다.

⊠ 문형

> **4**
> A : デパートは<u>どこにありますか</u>。／<u>どこですか</u>。
> B : デパートは<u>ここにあります</u>。／<u>ここです</u>。

- 물건과 사람에 대해서 그 존재를 나타내는 「~は~にあります。／います。」를 학습한다.
- 이 문형은, 화제가 되고 있는 물건이 가까이에 존재하고 있다는 것을 이미 서로 아는 상황에서 위치를 물을 때에 쓰인다.
- ✻ 문형 1, 3에서 쓰인 상황의 차이를 이해시키려면, 교사가 교실에 항상 놓여져 있는 물건을 미리 숨겨두고, 「~はどこにありますか。」와 같이 질문하여 학습자에게 찾게 하는 등의 방법이 있다.
- ➡ 연습 c, 연습 d, 연습 e

⊠ 연습

c
- 문형 4에서 학습한 표현을 사용해서 연습한다.
- 일러스트 내의 어떤 인물이 질문을 하고, 누가 대답을 하는지 확인하면서 연습한다.
  연습 예〉 1. 男性 : ケーキはどこにありますか。
  　　　　　女性 : 冷蔵庫の中にあります。
  　　　　2. 母 : 猫はどこにいますか。
  　　　　　子 : いすの下にいます。

❸ この階にお手洗いはありますか。

⊠ 장면

백화점에서 佐藤가 화장실을 묻기도 하고, 물건의 소재를 가르쳐 주기도 한다.

✻ *p. 66*에서는, 우선 화장실의 유무를 확인하고 나서 위치를 묻는다는 흐름을 나타냈다.
*p. 67(화장실 안의 세면대에서)*의 장면에서는, 어쩐지 있을 법한 물건이 발견되지 않아서 찾는 경우, 소재문의 전체보다는 축약하는 편이 자연스러운 예를 들었다. 이에 대해서는 이해만 하면 되니까, 특별히 연습은 하지 않겠다.

⊠ 어휘/표현

① <u>あのう</u>、この階にお手洗いはありますか。
약간 망설이는 듯하게 질문하거나, 묻기 어려운 것을 물을 때 쓰는 표현이다.

② <u>あれっ</u>。

　무언가 이상을 발견했을 때에 사용하는 표현이다.

③ はい、ここにあります<u>よ</u>。

　상대방에게 새로운 정보를 가르쳐 줄 때 쓴다.

④ ああ、<u>どうもすみません</u>。

　일상 회화에서는 사과 표현으로 받아들이지만, 여기서는 「ありがとう」의 의미로 쓰였다.

❈ 문형

> **5**
> A : この<u>階</u>にお手洗いはありますか。
> B : { <u>はい</u>、<u>あります</u>。あそこです。
> 　　{ <u>いいえ</u>、<u>ありません</u>。3階にあります。

- 어떤 특정 사물과 사람에 대해서 그 유무를 묻는 「～に～はありますか。／いますか。」와, 그 대답 방법을 학습한다.
- 유무를 묻는 술부(あるか、ないか)에 중점이 있기 때문에, 무엇에 대해서 묻고 있는지, 즉 그 문장의 주제를 나타내는 말에 붙는 조사는 「は」가 된다.
- 학습자가 문형 1을 그대로 써서 「(誤)～先生<u>が</u>いますか。」라고 잘못 쓰기 쉬우므로 주의한다.
- 대답할 때는 「はい、あります。／いいえ、ありません。」이라고만 말하지 말고, 그 뒤에 반드시 위치를 상대방에게 가르쳐 주도록 지도한다.

➡연습 e

❈ 연습

d · 문형 4에서 학습한 표현을 사용하여 연습한다.
- 예 1)은 「病院の前」등, 적당한 건물을 기준으로 해서 말하는 연습이다.
　예 2)는 역 주변의 시설에 대해 「北口」등, 출구를 사용해서 말하는 연습이다.

　✷ 근처 역 주변의 지도등 교사가 준비해서 같은 연습을 해도 좋다.

e · 문형 4,5에서 학습한 표현을 사용하여 연습한다.
- 1층~7층, 지하 1층, 지하 2층의 표현법, 가구, 가방, 구두 등, 연습에서 사용될 물건의 이름을 먼저 확인한다.
- 예 1)은 입구 안내소에서 묻고 있는 설정이다.
　예 2)는 목적지가 자신이 있는 층에 있는지 어떤지를 묻고 나면 그 대답은 항상 「いいえ」이므로, 각각 어느 층에서 이야기하고 있는지 교사가 학습자에게 알려주고 나서 연습한다.

6 吉田さんの一日、佐藤さんの一日

동사의 현재형(ます형)을 이용하여, 일상 생활에 대해 이야기하거나 상대방에게 물을 수 있다.

◆ 動詞 (p. 75, 76)

1. コーヒーを飲みます。
2. 学校へ行きます。
3. 学校で勉強をします。
4. 7時半に起きます。
   朝、新聞を読みます。
5. A：たばこを吸いますか。
   B：いいえ、吸いません。
6. うちでは食べません。外で食べます。
7. ビールか日本酒を飲みます。
8. A：よく本を読みますか。
   B：{ はい、よく読みます。
   いいえ、あまり読みません。
   いいえ、ぜんぜん読みません。
9. 私はロックが好きです。
10. A：どんな音楽が好きですか。
    B：クラシック音楽が好きです。
11. 動詞の辞書形の作り方

❶ 吉田さんの一日

✖ 장면

吉田의 습관적인 하루 행동을 나타내고 있다.

✳ 이 본문을 참고로 하여 자신의 생활에 대해서 이야기하게 하면 좋다.

⊠ 어휘/표현

① 9：00

좌측에 시간축을 나타냈는데, 이것은 단순히 시간을 나타낸 것으로, 문장과 연결지어서 사용하면 「(誤) 9時に学校で勉強します。」와 같이 부적당하게 되는 것이 있으므로 주의한다.

⊠ 문형

◆ 動詞

- 동사를 처음으로 학습한다. 「ます」의 형태로 우선 학습하고, 문형 11에서는 사전형 만드는 법을 학습한다. (　)안의 사전형은 문형 11에서 학습하므로, 여기에서는 「ます」형만 학습한다.
- 동사 현재형에는, 습관적인 행위를 나타내는 용법(「私は毎日7時に起きます。」)과 가까운 미래의 행위를 나타내는 용법(「明日連絡します。」)이 있는데, 이 과에서는 전자만 학습한다. 후자는 제7과 본문 2에서 학습한다.
- 「来る」를 사용하는 것은, 상대방 또는 제삼자가 화자 쪽을 향해서 「来る」, 화자 자신이 지금 있는 장소에서 또 「くる」하는 경우이다. 화자 자신이 상대방을 향해 이동할 때에는 「行く」를 쓴다.
- 「帰る」는 단순히 이동 방향을 나타내는 「行く」「来る」와 달리, 「うちへ帰る」「自分の国へ帰る」등 소속되어 있는 장소와 원래 있던 장소로 돌아가는 것을 뜻한다.

1　コーヒーを飲みます。

- 작용하는 대상을 나타내는 조사 「を」를 학습한다.
- 이 과에서 학습할 어휘는 아래와 같다.

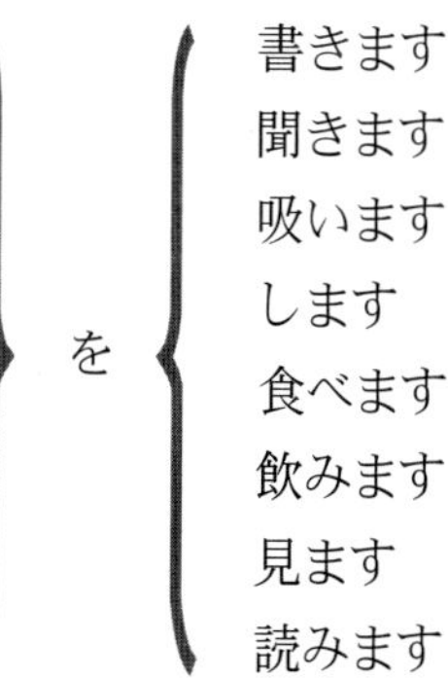

➡ 연습 a

2　学校へ行きます。

- 이동하는 방향을 나타내는 조사 「へ」를 학습한다.
- 여기서 학습할 어휘는 다음과 같다.

学校、会社、池袋、渋谷、デパート		} へ {	行きます
学校、日本			来ます
うち、国			帰ります

- 「行く」「来る」「帰る」의 쓰임에 주의한다.〔◆ **動詞** 참조〕
- 이동하는 방향을 나타내는 조사로는 「へ」외에 「に」도 있지만, 여기에서는 「へ」만 학습한다. 「に」에 대해서는 「ファッションショーに行く」와 같이 행사와 목적을 나타내는 용법에 한해서, 제11과 문형 6에서 학습한다.

➡ 연습 a

---

3 学校で勉強をします。

- 동작이 행해지는 장소를 나타내는 조사 「で」를 학습한다.
- 이 과에서 학습할 어휘는 아래와 같다.

うち、食堂、そば屋		昼・晩ごはん		食べます
うち	で	テレビ	を	見ます
会社		仕事		します
学校		勉強		します

➡ 연습 a

---

4 7時半に起きます。
朝、新聞を読みます。

- 때를 나타내는 조사 「は」와 때를 나타내는 단어를 학습한다.
- 「に」를 동반하는 것과 동반하지 않는 것이 있으므로 주의한다.

「に」를 동반하는 것	～時、～曜日、～月、～日、昼休み
「に」를 동반하지 않는 것	朝、夜
어느 쪽도 괜찮은 것	～時ごろ

➡ 연습 a

✖ 연습

a ・ 문형 1, 2, 3, 4에서 학습한 표현을 사용하여 연습한다.
   ・ 문형 1의 吉田良子의 하루에 대응하는 것이다. (본문1 ① 참조)
     발전 예〉 각자의 하루를 발표시키거나, 작문으로 하게 해도 좋다. 또 친구의 하루에 대해서 인터뷰를 하게 한다거나, 발표시키면 좋다.

❷ たばこをすいますか。

✖ 장면
吉田さん과 佐藤さん이 맞선을 보고 있다.

ㅇ학습자에게 맞선(첫대면)이라는 상황을 이해시키고 나서, 본문 학습에 들어간다.

▧ 어휘/표현

① お酒を飲みますか。

여기서는 「お」「ご」의 사용법 등 세세한 점은 학습하지 않고, 「さけ」「おさけ」의 두 가지 형태가 있다는 것을 이해하면 된다.

② ときどき飲みます。

술을 마시는 것은 긍정하고 있지만, 빈도가 그리 높지 않다는 것을 나타낸다.

③ いつも、うちで晩ごはんを食べますか。

여기서는 식사라고 하는 일상적인 것이 화제이기 때문에, 「毎日」와 거의 같은 뜻으로 쓰이고 있다. 그러나 「いつも」는 물리적으로 달력을 메꿔 나가는 「毎日」와는 달리, 화자가 주관적으로 항상 그렇게 습관화되었다고 느껴질 때 쓰인다. 「私は土曜日に図書館へ行きます。いつも図書館で新聞を読みます。」와 같은 예를 들어, 「毎日」와의 차이를 이해시키면 좋다.

④ いつも外で食べます。

외식하는 것을 말한다. 옥외에서 먹는 것으로 학습자가 오해하지 않도록 주의한다.

▧ 문형

5
> A：たばこを吸いますか。
> B：いいえ、吸いません。

· 동사(현재형)의 부정형을 학습한다.
· 우선 부정형에 중점을 두고 학습을 하기 위해, 여기서는 전면적인 동작의 부정을 나타내는 것만 다루기로 했다. 「(誤)いいえ、テニスをしません。」과 같이, 질문문을 그대로 반복하는 것에 따른 조사의 오용이 나오지 않도록 지도한다.
· 「6時に起きますか。」「いいえ、6時には起きません。」과 같이 조사의 변화를 동반하는 부분 부정의 표현은 다음의 문형 6에서 학습한다.

6
> うちでは食べません。外で食べます。

· 동작의 전면 부정이 아닌, 어떤 부분을 내세워 부정하는 표현을 학습한다.
· 각각의 조사의 변화에 대하여 학습한다. 단 「が」→「は」의 변화는, 여기에서는 학습한 어휘가 한정되어 있어 예문을 들어 연습하는 것은 어렵기 때문에, 규칙을 확인할 수만 있으면 된다.
· 여기에 든 예문은, 부분 부정을 강조하기 위해, 「うちでは食べません。外で食べます。」와 같이, 부정 부분 대신에 무엇을 하는가를 진술하는 문장을 들었지만, 이 부분은 말하지 않을 때도 많다.

7 ビール<u>か</u>日本酒を飲みます。

- 둘 중 어느 한 쪽인 것을 나타내는 조사 「か」를 학습한다.
- 병렬의 「～と～」는 제1과 문형 8에서 학습했다.

❸ 私はロックが好きです。

▧ 장면

본문 2에 계속해서, 吉田さん과 佐藤さん이 맞선을 보고 있다.

○ 본문 2의 연결임을 확인하면서 학습에 들어간다.

▧ 어휘/표현

① いいえ、私は<u>あまり</u>読みません。
문형 8에서 학습한 빈도 부사이다. ③의 「あまり」(정도)와는 다르다.

② <u>じゃあ</u>、日曜日に何をしますか。
화제를 전환할 때 쓰는 표현이다. 여기서는 다음 질문으로 이동하는 계기가 되고 있다.

③ 私はスポーツは<u>あまり</u>好きじゃありません。
이 「あまり」는 ①의 빈도 부사가 아니라, 정도 부사이다. 〔문형 9 참조〕

▧ 문형

8 A：<u>よく</u>本を読みますか。

B：｛ はい、<u>よく</u>読みます。
いいえ、<u>あまり</u>読みません。
いいえ、<u>ぜんぜん</u>読みません。

- 빈도를 나타내는 부사 「よく」「あまり」「ぜんぜん」를 학습한다.
- 「よく」는 그 동작을 하는 빈도가 높은 것을 나타내고, 「手紙を書く。」「テニスをする。」「デパートに行く。」처럼 그렇게 하는 횟수가 많을 때에 자주 쓴다. 이에 반해, 「いつも」는 「7時ごろ起きる。」「9時ごろ学校へ来る。」「朝、パンを食べる。」와 같이 습관성이 높은 사항에 사용된다.
- 「あまり」는 반드시 부정형을 동반하며, 그 동작을 하기는 하지만 빈도가 적은 것을 나타낸다. 본문 2에서 학습한 「ときどき」와는 거의 같은 의미이지만, 「よくお酒を飲みますか。」에 대해 「はい。ときどき飲みます。」는 「飲む」라는 것을 강조하고 있는데 반해, 「いいえ、あまり飲みません。」은 마시지 않는다는 것을 강조하고 있다. 객관적인 빈도의 차이가 아니라, 화자가 강조하고 싶은 것이 다른 것이다.
- 「ぜんぜん」도 반드시 부정형을 동반하며, 전혀 그 동작을 하지 않는다는 것을 강조한다.

9 私はロックが好きです。

・「～は～が好き／嫌いです。」를 학습한다.
・「コーヒーが好きですか。」라는 질문에 대해 긍정형으로 대답할 때는,「はい、好きです。」의 형태로 하도록 지도한다. 부정형으로 대답할 때에는 부분 부정의「は」를 써서「コーヒーは好きじゃありません。」과 같이 대답하도록 지도한다.
・「嫌いです。」라는 표현은, 상대방에게 무언가 좋아하고 싫어하는 것이 있느냐는 질문의 대답으로 쓰면 거절하는 듯이 들려 실례의 인상을 줄 수 있으므로,「あまり好きじゃありません。」을 쓰도록 지도한다. 예문 3)은「～は～が嫌いです。」라는 형을 나타내기 위해 실었지만, 쓸 기회가 적으므로 소개하는 것으로 그친다.
・예문 2)의「あまり好きじゃありません。」은 문형 8의 빈도 부사가 아니라, 정도를 나타내는 부사「あまり」를 이용한 표현이다. 빈도의「あまり」는 동사와 연결되어,「あまり飲まない」(⇔「よく飲む」)로 쓰이는 데 반해, 정도의「あまり」는 형용사와 연결되어「あまり好きじゃない」(⇔「とても好き」)와 같이 대응한다.

＊ 예문 1)의「どんな」는 다음의 문형 10에서 학습하므로, 문형 9는 문형 10과 함께 학습하면 좋다.

10 A : どんな音楽が好きですか。
B : クラシック音楽が好きです。

・종류와 특징을 묻는 의문사「どんな」를 학습한다.
・「どんな音楽が好きですか。」라고 들었을 때,「クラシック音楽」라는 종류로서 대답해도, 또「静かな音楽」라는 특징으로 대답해도 좋다. 양쪽의 표현을 다 사용해서 대답할 수 있도록 연습한다.

11 動詞の辞書形の作り方

・동사의 사전형을 만드는 법을 학습한다.
・여기에서는 아래와 같은 점을 이해시킨다.
1) 이 교과서의 각과 색인, 일반 사전 등에서 동사는 사전형으로 나와 있다.
2) 동사에는 3가지 그룹이 있다.
그룹 3은,「する」와「来る」뿐이지만, 그룹 1과 2에는 많은 동사가 속해 있다.
3) 그룹 1의 동사는 사전형을 만들 때,「飲みます」→「飲む」와 같이 50음표의「い段」부터「う段」에 걸쳐 변화한다. 그룹 2의 동사는,「ます形」의「ます」를 떼고「る」를 붙인다.
4)「～る」로 끝나는 모든 동사가 반드시 그룹 2라고는 할 수 없다.「帰る」처럼 그룹 1의 동사인데「～る」로 끝나는 것에 주의한다.
5) 그룹을 외우지 않으면 활용을 할 수 없기 때문에, 신출 동사를 학습할 때 의미뿐만 아니라, 각과 색인 등을 이용해서 동사의 그룹을 외울 필요가 있다.

7 財布を落としました。

· 동사의 과거형을 사용하여 과거에 일어난 사건에 대해 이야기할 수 있다.
· 상태를 나타내는 형용사를 사용하여 자기 소지품의 특징을 말할 수 있다.

1. 行き{ ました。
       ませんでした。

2. 郵便局へ行きました。それから、デパートへ行きました。

3. A：何か買いましたか。

   B：{ はい、　切手を買いました。
        いいえ、　何も買いませんでした。

   A：どこかへ行きましたか。

   B：{ はい、池袋へ行きました。
        いいえ、どこへも行きませんでした。

   A：財布は(どこかに)ありましたか。

   B：{ はい、うちにありました。
        いいえ、どこにもありませんでした。

4. 部屋の中を探しました。でも、どこにもありませんでした。

5. 時の言い方1

6. A：どんな財布ですか。

   B：赤くて小さい財布です。

   A：どんな店ですか。

   B：静かできれいな店です。

7. お金だけです。

8. 小野さんの財布じゃありませんか。

❶ 財布を落としました。

⊠ 장면

지갑을 떨어뜨린 京子가 파출소에 가서, 경찰에게 여러 가지 질문을 받는다.

✽ 길을 잃었을 때, 지갑・현금카드・여권 등을 떨어뜨렸을 때는 가장 가까운 파출소에 신고한
다는 등의 정보도 함께 소개하면 좋다.

⊠ 어휘/표현

① <u>何ですか。</u>
용건을 물을 때의 표현이다. 물건의 이름을 묻는 「何ですか。」는 제2과 문형 1에서 학습
했다.

② <u>わかりません。</u>
「わかりません。」에는 「理解できない」와 「知らない、覚えていない」의 두 가지 의미가
있는데, 여기서는 후자의 의미이다.

③ <u>その時、財布はありましたか。</u>
아침에 우체국에 갔을 때를 가리킨다.

④ <u>ええ、小田急デパートへ行きました。</u>
「はい」와 같다.

⑤ <u>部屋の中を捜しましたか。</u>
동작이 행해진 장소를 나타내는 조사 「を」로, 여기서 처음 나왔다. 여기서는 학습자에게
특별히 설명할 필요는 없고, 상황을 이해시키면 된다.

⊠ 문형

1

行き	ました。
	ません でした。

・동사의 과거형을 학습한다.
・이미 배운 동사로 과거형을 도입, 연습을 한 다음, 7과의 신출 동사로 연습한다.

✽ 달력 등을 사용하여 「昨日」라는 단어를 가르친 후 과거형을 도입하면 좋다.

➧ 연습 a, 연습 b, 연습 c

2 　郵便局へ行きました。それから、デパートへ行きました。

・어떤 일에 이어서 다른 일이 일어난다는 의미의 접속사 「それから」를 학습한다.

✽ 본문의 장면에 구애받지 말고 학습자에게 어제 무엇을 했는지 등의 질문을 한다. 이 때
「それから何をしましたか。」라고 교사가 질문하여, 자연스러운 회화의 흐름 안에서 「それ

から」을 도입하면 좋다.

➡ 연습 a, 연습 b, 연습 c

3

A：何か買いましたか。

B：はい、切手を買いました。
　いいえ、何も買いませんでした。

A：どこかへ行きましたか。

B：はい、池袋へ行きました。
　いいえ、どこへも行きませんでした。

A：財布は(どこかに)ありましたか。

B：はい、うちにありました。
　いいえ、どこにもありませんでした。

· 「의문사＋か＋동사(과거형)」의 형태로, 상대가 어떤 동작이나 행위 등을 했는지 어떤 지와 사물의 존재 유무를 묻는 표현을 학습한다.
· 「どこへ行きましたか。」는 상대가 간 것을 알고 있고, 어디에 갔는지에 중점을 둔다. 이에 반해,「どこかへ行きましたか。」는 상대가 간 것을 모른 채, 갔는지 가지 않았는 지에 중점을 둔다.
· 「いいえ」라고 할 때의 대답 방법, 조사의 변화에 주의한다.

✽ 여기에서 학습한 모든 문형을 사용하여 질문하거나 대답하는 것은 학습자에게 부담이 크 므로, 학습자에 따라 예)와 같이 도달 목표를 설정해도 좋다.
　예) 1. 질문에 대해서는 「どこかへ行きましたか。」「何か買いましたか。」「何か食べまし た か。」등을 물을 수 있도록 한다.
　　2. 여기에서 학습한 모든 의문문에 대답하게 한다.

4　部屋の中を探しました。でも、どこにもありませんでした。

· 역접의 접속사 「でも」를 학습한다.
· 역접의 의미를 나타내는 접속사에는 「しかし」(제18과 본문 2) 「けれども」 등이 있는 데, 「でも」는 주로 회화에서 사용된다.

5　時の言い方1

· 여러 가지 시간을 나타내는 말을 학습한다.
· 시간을 말하는 방법을 학습하면서 동사의 현재형, 과거형을 복습한다.
· 조사 「に」가 붙는 것과 붙지 않는 것이 있으므로, 주의한다.(제6과 문형 4 참조)

a, b ・ 문형 1에서 학습한 동사의 과거형을 사용하여 과거 어떤 날의 吉田良子의 하루를 말
하는 연습이다. 문형 2에서 학습한 「それから」도 적당히 사용하여 연습하면 좋다.

・ 제6과에서는 「吉田 씨의 하루」를 습관적인 행위로 다루었다. (제6과 본문 1 참조)
여기서는 「これは〜月〜日の吉田さんの一日です。」라고 말하며 연습한다.

연습 예〉 a. 朝7時半に起きました。コーヒーを飲みました。

それから、学校へ行きました。

b. 朝6時に起きました。新聞を読みました。牛乳を飲みました。

それから、会社へ行きました。

c ・ 문형 1, 2에서 학습한 표현을 사용하여 연습 a, b와 같은 연습을 한다.

❷ 赤くて小さい財布です。

✕ 장면

본문 1과 이어지는 내용으로, 京子는 경찰에게 질문받은 후, 분실 신고서를 쓴다.

✕ 어휘/표현

① それはどんな財布ですか。
문맥 지시의 「それ」는 제28과 문형 6에서 학습한다. 여기서는 京子가 떨어뜨린 지갑을
가리킨다는 것만 알려주어도 된다.

② ええと…7千円ぐらいです。
「ぐらい」「くらい」 어느 쪽도 된다. 이 교재에서는 「ぐらい」로 통일했다.

③ ほかには。
「何かありましたか。」가 생략되었다.

④ じゃ、ここにあなたの住所と名前と電話番号を書いてください。
て형은 9과에서 학습한다. 여기서는 하나의 표현으로서 의미를 알려주면 된다.

⑤ あっ、ボールペンで書いてください。
수단을 나타낸다. 「えんぴつで書いてください。」「フォークとナイフで食べます。」 등의
예문을 들면서 소개한다. 자세한 것은 제12과 문형 3에서 학습한다.

⑥ これでいいですか。
자신이 쓴 것 등을 제출하는 상대에게 보이며, 괜찮은지 어떤지 물을 때의 표현이다. 하
나의 정해진 회화 표현으로서 사용할 수 있도록 한다.

⑦ はい、けっこうです。
「記入ミスなども無くこれでいい。」라는 의미이다.

⑧ じゃ、後で連絡します。
제6과의 습관을 나타내는 「〜ます」와는 달리, 가까운 미래의 의지나 예정을 나타낸다.

⑨ よろしくお願いします。
자기 소개를 하는 표현 「どうぞよろしくお願いします。」는 생활회화에서 이미 배웠다.
여기서는 상대에게 무엇인가 부탁할 때 하는 표현으로 사용된다.

🏵 문형

> **6**
> A : どんな財布ですか。
> B : 赤くて小さい財布です。
>
> A : どんな店ですか。
> B : 静かできれいな店です。

- 「형용사＋형용사＋명사」의 형태를 학습한다.
- 실물, 그림, 사진 등을 준비해서 연습한다.
- 학습자는 「(誤)大きいくて」라고 틀리기 쉬우므로 주의한다.

✱ 제7과까지 학습한 な형용사의 수가 적기 때문에, 학습자에 따라서는 제8과에서 학습할
な형용사와 명사를 먼저 도입해서 연습해도 좋다.
　예) 昨日、新鮮でおいしい魚を食べました。

➡ 연습 d

> **7**　お金だけです。

- 한정의 의미를 나타내는 조사 「だけ」를 학습한다.
- 여기에서는 「명사＋だけです。」의 형태만 학습한다.

🏵 연습

d ・문형 6에서 학습한 표현을 사용하여, 물건을 떨어뜨리거나 잃어버려 파출소에서 설
명할 때의 표현을 연습한다. 학습자는 A부분을 중심으로 연습한다.
・「落とす」「忘れる」의 차이는 이해하기 어려우므로, 다음 그림을 보고 설명해도 된다.

落とす　　　　　　　　　　　忘れる

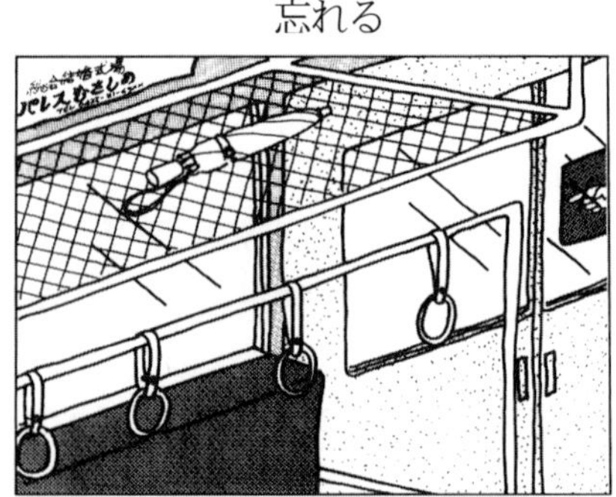

✱ 연습 예문 이외에도 학습자가 가지고 있는 물건을 사용하여 연습하면 좋다.

<h1 style="text-align:center">❸ 小野さんの財布じゃありませんか。</h1>

🔷 장면

京子가 떨어뜨린 지갑을 아파트 관리인이 발견하여, 아파트 입구에서 京子에게 건네준다.

🔷 어휘/표현

① <u>ただいま。</u>
집으로 돌아온 사람이 하는 인사말이다. 집에 있는 사람이 귀가한 사람에게 하는 「お
かえりなさい。」는 제5과 본문 1에서 학습했다.

② <u>管理人</u>
관리인에 대해 설명하는 것은 어려우므로 여기서는 京子를 알고 있다는 점만 알려주면
된다.

③ <u>どうもありがとうございました。</u>
감사의 표현에는 「ありがとうございます。」(생활회화)와 「ありがとうございました。」
두 가지가 있다. 어느 쪽을 사용해도 상관없는 경우가 많지만, 다음과 같이 과거의 일에
대해 감사의 인사를 할 경우에는 「ありがとうございました。」가 된다.

　　예) 先日はありがとうございました。
　　　　一年間、ありがとうございました。

또, 본문 3과 같이 찾고 있던 지갑이 발견되었을 때 등, 어떤 사건이 종결된 경우에는 「あ
りがとうございました。」를 많이 사용한다.

🔷 문형

8	小野さんの財布<u>じゃありませんか。</u>

・화자가 추측하고 있는 것에 대해 상대방에게 확인하는 표현을 학습한다.
・「〜じゃありませんか。」는 부정의 의미가 아니라는 점에 주의한다.

✳ 학습자의 소지품을 3~4명으로부터 모은다. (크기, 색, 특징 등으로 소지품 주인을 알 수
있는 가방, 우산 등이 좋다.) 학습자에게 유추시키면서 「〜じゃありませんか。」를 사용하
여 소지품 주인을 찾게 하는 연습을 하면 좋다.

8 天気はどうでしたか。

형용사를 사용하여 과거에 일어난 일의 상황이나 감상을 말할 수 있다.

1. A : <u>何日間</u>／<u>どのぐらい</u>ですか。
   B : <u>1週間</u>です。
2. A : <u>どうでしたか。</u>
   B : 楽し { <u>かったです。</u> / <u>くありませんでした。</u>
3. 大変 { <u>でした。</u> / <u>じゃありませんでした。</u>
4. いい天気 { <u>でした。</u> / <u>じゃありませんでした。</u>
5. 楽しかったです<u>が</u>、疲れました。
6. 昼<u>は</u>ちょっと暑かったです<u>が</u>、朝と夜<u>は</u>あまり暑くありませんでした。
7. パイナップルは<u>安くて</u>おいしかったです。
8. 魚<u>も</u>新鮮でおいしかったです。

❶ 天気はどうでしたか。

▧ 장면

成田空港에서 伊藤기자가 하와이에서 귀국한 여행자를 인터뷰하고 있다.

ㅇ 뉴스 캐스터 부분은 본문의 장면 이해를 돕는 것이다. 대강의 내용을 이해할 수 있으면 된다.

▧ 어휘/표현

① どこへいらっしゃいましたか。

「いらっしゃいましたか。」는 「行きましたか。」의 정중한 형태로 그대로 외우도록 지도

- 한다. 그리고 경어는 제30과에서 학습한다.
② 毎日<u>とても</u>いい天気でした。
　　정도를 나타내는 부사이다. 「とても好き」「とても大きい」 등 형용사의 앞에 붙지만, 「嫌い」의 경우에는 「(誤)とても嫌いです。」라고는 하지 않는다.

🔶 문형

<table>
<tr><td>1</td><td>A：<u>何日間／どのぐらい</u>ですか。
B：<u>1週間</u>です。</td></tr>
</table>

· 기간을 말하는 방법과 기간을 묻는 표현을 학습한다.
· 「どのぐらい」와 「どのくらい」는 양쪽 다 사용해도 좋다.
· 기간을 묻는 경우 「何(日)間」과 「どのぐらい」 어느 쪽을 사용해도 좋지만, 예문 2)와 같이 「〜週間」「〜か月」「〜年」 중 어느 것을 사용해서 물어야 할지 모를 때에는 「どのぐらい」로 한다.
· 「ハワイに何日(間)いましたか。」의 대답으로는 「一週間です。」와 「一週間いました。」 양쪽 다 좋지만, 「一週間でした。」라고는 하지 않는 것에 주의한다.
· 「〜日」의 악센트는 「(例)「ふつか」이지만, 「〜日間」의 경우에는 「(例)「ふつ」かかん」이 되는 것에 주의한다.

	〜時間	〜日(間)	〜週間	〜か月	〜年
1	いちじかん	いちにち	いっしゅうかん	いっかげつ	いちねん
2	にじかん	ふつか(かん)	にしゅうかん	にかげつ	にねん
3	さんじかん	みっか(かん)	さんしゅうかん	さんかげつ	さんねん
4	よじかん	よっか(かん)	よんしゅうかん	よんかげつ	よねん
5	ごじかん	いつか(かん)	ごしゅうかん	ごかげつ	ごねん
6	ろくじかん	むいか(かん)	ろくしゅうかん	ろっかげつ	ろくねん
7	しちじかん ななじかん	なのか(かん)	ななしゅうかん	ななかげつ	しちねん ななねん
8	はちじかん	ようか(かん)	はっしゅうかん	はっかげつ	はちねん
9	くじかん	ここのか(かん)	きゅうしゅうかん	きゅうかげつ	きゅうねん
10	じゅうじかん	とおか(かん)	じっしゅうかん	じっかげつ	じゅうねん
?	なんじかん	なんにち(かん)	なんしゅうかん	なんかげつ	なんねん

↓
なんにち
なんにちかん

注： いっかげつ＝ひとつき
　　 にかげつ　＝ふたつき

2

A：どうでしたか。

B：楽し { かったです。 / くありませんでした。

- 과거에 일어난 일의 모습이나 감상을 묻는 표현 「どうでしたか。」와, い형용사의 과거형을 학습한다.
- い형용사의 부정형에는 「〜くなかったです。」의 형태도 있지만, 이 교재에서는 「〜くありませんでした。」로 통일했다.
- 「昨日は暑かったですか。」등의 질문을 해서 이미 학습한 형용사를 사용하여 과거형 (긍정, 부정)을 쓰는 연습을 한 후, 이 과에서 새로 나온 형용사를 학습한다.
- 예문 1)의 「よかったです。」는 「いい」의 과거형이다. 「いい」는 「よかったです。」「よくありませんでした。」와 같이 변한다는 것에 주의한다.
- 예문 2)의 「近い」는 「(장소)に」와 「(장소)から」둘 다 괜찮지만, 「遠い」는 「から」밖에 쓰지 않는 것에 주의한다.

3

大変 { でした。 / じゃありませんでした。

- な형용사의 과거형을 학습한다.
- な형용사의 부정형에는 「〜じゃなかったです。」의 형태도 있지만, 이 교재에서는 「〜じゃありませんでした。」로 통일했다.

4

いい天気 { でした。 / じゃありませんでした。

- 명사의 과거형을 학습한다.
- な형용사와 마찬가지로, 「〜じゃなかったです。」의 형태도 있지만, 이 교재에서는 「〜じゃありませんでした。」로 통일했다.

▶ **활용표** (p. 110)

동사의 사전형은 제6과 문형 11에서 학습했다. 형용사와 명사의 사전형은 이 과에서 처음 나온다.

5 楽しかったです<u>が</u>、疲れました。

- 역접을 나타내는 조사 「が」를 학습한다.
- 제7과 문형 4에서 학습한 「でも」로 접속할 수 있듯이 두 문장을 한 문장으로 만들 때 사용한다.
- 역접의 경우, 전문도 시제에 의해 변한다. 전문과 후문의 시제를 일치시키도록 주의한다.

- 여기에서 다룬 예문은 아래와 같은 짜임으로 되어 있다.

  예문 1) い형용사 현재형　　　　い형용사 현재형
  예문 2) な형용사 현재형　　　　い형용사 현재형
  예문 3) い형용사 과거형　　　　い형용사 과거형
  예문 4) な형용사 과거형　　　　い형용사 과거형
  예문 5) 동사 과거형　　　　　　い형용사 과거형

- 「安い」와 「高い」는 마음에 든다고 평가하는 경우와 그렇지 않은 경우가 있는데, 예문 3)「パイナップルは安かったですが、あまりおいしくありませんでした。」에서는 「安い」를 마음에 드는 것으로 평가하고 있다.

➡ 연습 b, 연습 c

6 昼はちょっと暑かったですが、朝と夜はあまり暑くありませんでした。

- 비교의 「は」를 학습한다. 여기서 학습하는 것은 대비적인 의미를 가진 두 개의 문장을 「が」「けれども」「でも」 등으로 연결할 때, 대비되고 있는 명사에 붙는 조사에 수반되어 쓰여지는 「は」이다.
- 여기서 예문으로 취급된 대비의 「は」의 용법은 아래와 같다.

  1. 「チンさんは日本料理が好きですか。」라는 질문에, 「日本料理の中のてんぷらは好きだが、おすしやさしみは好きじゃない。」라고 대답한다. … 예문 1), 2), 4), 5)
  2. 「よく海や山へ行きますか。」라고 병렬된 두 개의 것에 대한 질문에, 「海はよく行くが、山へは行かない。」라고 대답한다. … 예문 3)

- 조사의 변화에 주의한다.
- 미화어 「お／ご」를 붙일지 어떨지는 성별·연령 등에 의해 달라진다. 예문 2)에서는 チン이 20대 남자이기 때문에, 「さしみ」에는 「お」를 붙이지 않았다.

▧ 연습

a ・문형 6에서 학습한 표현을 사용하여 연습한다.

❷ 安くておいしかったです。

▧ 장면

본문 1과 이어지는 내용으로, 伊藤기자가 같은 여행자에게 하와이의 음식, 토산품에 대해서 묻고 있다.

▧ 어휘/표현

① 成田空港から報告しました。
　뉴스 방송에서 리포터와 기자가 보고를 끝냈을 때 쓰는 표현으로, 여기서는 장면을 이

해하기 쉽도록 넣었다. 기자의 마지막 인사로 알면 좋다.

✖ 문형

7 パイナップルは<u>安くておいしかったです</u>。

- 「형용사+형용사+です。」의 형을 학습한다. 「형용사+형용사+명사」의 형은 제7과 문형 6에서 학습했다.
- 「私の部屋は古いですが、広いです。」와 같이 역평가를 열거하는 표현은 문형 5에서 학습했다. 여기에서는 「甘い」「おいしい」, 「遠い」「不便」과 같이 같은 평가를 늘어놓는 표현을 학습한다.
- 여기에서 취급한 예문은 아래와 같은 형용사의 조합으로 되어 있다.

  예문 1) い형용사 현재형　　い형용사 현재형

  예문 2) い형용사 현재형　　な형용사 현재형

  예문 3) な형용사 현재형　　な형용사 현재형

  예문 4) い형용사 과거형　　い형용사 과거형

  예문 5) い형용사 과거형　　な형용사 과거형

  예문 6) な형용사 과거형　　い형용사 과거형

➡ 연습 b, 연습 c

8 魚<u>も</u>新鮮でおいしかったです。

- 조사 「も」를 학습한다.
- 제2과에서는 「それも私のです。」와 같이 「は」가 「も」로 변하는 것만 학습했지만, 여기에서는 그 외의 조사의 변화를 학습한다.
- 여기에서는 상대방의 질문에 대답한 후에, 다른 것에 생각이 미쳐, 그것을 덧붙여 말하는 것을 중심으로 연습한다.

✖ 연습

b · 문형 5, 7에서 학습한 형용사의 접속을 완벽하게 하기 위한 연습이다. 역접인지 아닌지를 판단해서 구별하여 사용하는 것이 포인트이다.

c · 문형 5, 7에서 학습한 표현을 사용하여 연습한다.

· 연습 b에서는 형용사의 접속의 정착을 꾀하기 위한 연습을 했다. 여기에서는 회화형식으로 형용사의 접속을 연습한다.

▶ **팜플렛** (p. 117)

· 제8과에서 학습한 기간의 표현 방법, 형용사의 여러 가지 형태가 실제 쓰여지고 있는 예로서, 하와이 여행 팜플렛을 과의 마지막에 붙였다. 교재로서 사용할 것을 의도한 것은 아니다.

9 使い方を教えてください。

· 동사의 て형을 이용하여, 의뢰를 하거나 허가를 구할 수 있다.
· 학생회관의 규칙과 간단한 기계 사용법에 대해 질문하거나, 그 설명을 듣고 이해할 수 있다.

1. 動詞 て形
2. ロビーへ来てください。
3. 手伝いましょうか。
4. 朝、おふろに入ってもいいですか。
5. 遅れてはいけません。
6. 10 時までに帰って来てください。
7. きれいにそうじをしてください。
8. コインランドリーの使い方を教えてください。
9. ふたをして、お金を入れてください。
10. 時の言い方 2

❶ ロビーへ来てください。

▨ 장면

홍콩에서 일본에 온 ワン이 학생회관에 입관하여, 자신의 방으로 짐을 옮기고 있다.

＊ 학생회관에서 살고 있는 학습자가 있으면, 학습자의 방 층수나 방 번호를 묻거나 해서, 본문
의 학습에 대입하면 좋다.

▨ 어휘/표현

① 新入生のワン・シューミンですが、部屋を教えてください。
서두의 「が」이다. 여기에서는 이름을 상대방에서 전하고 나서, 자신의 방을 묻고 있다
는 것을 이해하면 된다.

② 新入生のワン・シューミンですが、部屋を<u>教えてください</u>。

　　이 「教える」는 「相手に情報を伝える」라는 의미로, 「日本語を教える」의 「教える」와는 의미가 다르다. 「日本語を教える」의 의미인 「教える」는 본문 3에서 학습한다.

③ ええと、ワンさん、ワンさん、…<u>ああ</u>、香港のワンさんですね。

　　찾고 있는 물건을 발견했다거나, 무언가를 생각해 낼 때 쓰는 표현이다.

④ 3時から学生会館の説明をします<u>から</u>、ロビーへ来てください。

　　이유를 나타내는 「から」는 제13과 문형 8에서 학습한다. 여기서는 3시부터 학생회관의 설명이 있다는 것과, 로비로 오는 것의 두 가지를 이해하면 된다.

✖ 문형

1　動詞 て形

- 동사의 て형을 학습한다.
- て형의 규칙을 도입할 때에는, 각각 동사의 그룹을 확실히 확인한다.

2　ロビーへ<u>来て</u>ください。

- 의뢰의 표현 「～てください。」를 학습한다.
- 「死ぬ」와 같이 「～てください。」의 형을 쓸 때 어색하게 들리는 것은 피하고, 「教えてください。」 「もう一度言ってください。」 등 학습자에게 있어서 필요하다고 여겨지는 것을 중심으로 학습한다.
- 학습자가 이 표현을 쓸 때에는 예문 3)처럼 우선 「すみません」이라고 말한 후에 의뢰하도록 지도한다.
- ➡ 연습 b

3　<u>手伝いましょうか</u>。

- 상대를 위해 자신이 어떤 동작을 취할 것을 자청하는 표현 「～ましょうか。」를 학습한다.
- 「～ましょうか。」에는 문형 3의 용법(「荷物を持ちましょうか。」) 외에, 자신과 같은 동작을 취할 것을 상대에게 촉구하는 용법(「いっしょに行きましょうか。」)이 있는데, 후자는 제15과 문형 10에서 학습한다.

❷ おふろに入ってもいいですか。

✖ 장면

신입생이 遠籐선생님으로부터 학생회관의 규칙에 대한 설명을 듣고 있다.

　＊ 본문을 학습한 후에, 학생회관과 아파트 등의 규칙에 대해 학습자에게 질문하면 좋다.

① <u>よく聞いて</u>ください。
　빈도의 「よく」가 아닌 「気をつけて聞く」의 의미이다. 의미만 이해하면 된다.
② <u>それから</u>、洗面所にコインランドリーがあります。
　제7과 문형 2의 「それから」와는 달리, 순서가 아닌 관련있는 사항을 열거하는 용법이다.
　다른 예도 들어서 설명한다.
　예) 各階にお手洗いがあります。それから、台所もあります。
　　　この教室でジュースを飲んではいけません。それから、たばこを吸ってはいけません。
③ <u>えっ？</u>
　상대가 말한 것을 이해하지 못해서 되물을 때에 쓰는 표현이다.
④「コイン…」<u>すみません、もう一度言ってください。</u>
　이해하지 못했을 때에 다시 물어 보는 표현으로서 연습한다.

🗹 문형

4　朝、おふろに入ってもいいですか。

・허가를 구하는 표현 「~てもいいですか。」를 학습한다.
・「~てもいいですか。」라는 질문에 대해, 그것을 허가할 때는 「~てもいいです。」가
　아닌, 예문 1)처럼 「いいですよ。」라고 대답하도록 지도한다.
・허가를 요구받았으나 거절할 경우에 대해서 두 가지의 거절 방법을 학습한다. 교사
　가 학생에 대해서 규칙에 의거하여 허가를 할 수 없을 때에는 「~てはいけません。」
　(문형 5)을 쓰는 데 반해, 개인의 취향이나 판단에 기인해서 거절할 때에는 예문 2)
　처럼 「~はちょっと…。」라고 대답하도록 지도한다.

✱ 이 문형은 다음의 문형 5와 함께 학습하면 좋다.

➥연습 b

5　遅れてはいけません。

・금지를 나타내는 표현 「~てはいけません。」을 학습한다.
・「~てはいけません。」은 규칙을 설명할 때 자주 사용되는 표현이다. 교사가 학생에게
　주의를 주는 듯한 경우를 제외하고는 그다지 쓰이지 않는다.

✱ 금연과 출입 금지 사인을 보이며 학습자에서 말하게 하거나, 학생회관과 학교의 규칙, 음
　주 습관 등 각국의 사정에 대해서 이야기하게 하면 좋다.

✱ 문형 4를 이용하여 학교, 학생회관, 도서관 등의 규칙에 대해서 질문하거나, 대답하는 연
　습을 하면 좋다.

➥연습 a

6 10時までに帰って来てください。

・행위의 기한을 나타내는 표현「～までに」를 학습한다.

・여기에서는「までに」앞에 오는 어구는 명사에 한해서 학습한다.「までに」앞에 동사가 오는 형과「～まで」와「～までに」의 차이는 제16과 문형 5에서 학습한다.「銀行は3時までです。」는 제1과 문형 3에서 학습했다.

・「までに」와「まで」의 차이를 그림으로 보면 아래와 같다.

예1) 10時までに帰って来る。

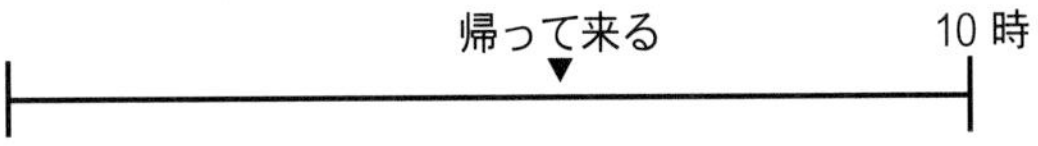

예2) 10時まで勉強する。

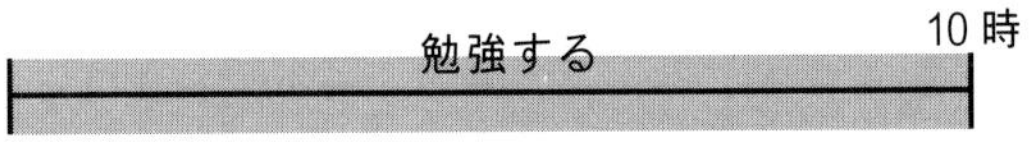

「まで」의 경우, 동작이 10시까지 계속되지만,「までに」의 경우는 동작이 10시 이전에 끝난다.

➔ 연습 b

7 きれいにそうじをしてください。

・な형용사의 부사적 용법을 학습한다.

・い형용사의 부사적 용법에 대해서는 제12과 문형 4에서 학습한다.

➔ 연습 b

연습

a ・문형 5에서 학습한 표현을 사용하여 연습한다.

・「テストの時」처럼「명사+時」의 형은 여기에서 처음 나온다.

b ・문형 2, 4, 6, 7에서 학습한 표현을 사용하여 연습한다.

❸ コインランドリーの使い方を教えてください。

장면

ワン이 遠藤선생님에게 회관 안에 있는 동전 세탁기의 사용법을 묻고 있다.

＊ 학습자에게 동전 세탁기의 사용법에 대해 질문하면서「洗剤」「ふた」등 새로운 어휘를 도입하여 본문 학습에 들어가면 좋다.

어휘/표현

① まず、この中に洗濯物と洗剤を入れてください。
それから、ふたをして、100円を入れてください。

순서를 설명할 때에 쓰는 표현이다.

8 | コインランドリーの使い方を教えてください。

- 방법을 나타내는 표현 「〜方」를 학습한다.
- 「(誤)コインランドリーを使い方」와 같은 오용이 나오지 않도록 지도한다.
- 「予約(を)する」와 같이 뒤에 「する」가 붙는 동사의 경우, 「切符を予約する」라는 형에서 「(誤)切符の予約し方」라는 오용을 낳을 수가 있는데, 「切符の予約をする」라는 형에서 「切符の予約のし方」로 하도록 지도한다.

9 | ふたをして、お金を入れてください。

- 절차와 행위의 순서 등을 나타내는 형(동사)의 용법을 학습한다.
- 여기에서 학습하는 용법은 아래와 같다.
  1. 기계의 사용법과 순서를 나타낸다. …예문 1)
  2. 행위의 순서를 나타낸다. …예문 2)
  3. 어떤 장소로의 이동과 거기에서의 행위를 나타낸다. …예문 3)

  단, 3.의 전건(前件)은 「行く」「来る」「帰る」에 한한다.
- 전건에서 「行く」 등 이동의 의미를 가진 동사가 올 경우, 학습자가 다음과 같은 오용이나 의미 이해가 어려운 문장을 만들기 쉬우므로 주의한다.
  - 예 1)　(誤)　銀行へ行って、靴を買った。

  　　　　　　銀行へ行って、それから、デパートで靴を買った。
  - 예 2)　?　図書館へ行って、ごはんを食べた。

  　　　　　図書館へ行って、図書館の食堂でごはんを食べた。

  　　　　　図書館へ行って、それから、レストランでごはんを食べた。

➔ 연습 c, 연습 d, 연습 e

10 | 時の言い方2

- 제7과 문형 5에 이어서 여러 가지 때를 나타내는 말을 학습한다.

c · 문형 9의 예문 1)에서 학습한 표현을 사용하여 연습한다.
　· て형에 의한 접속뿐만 아니라, 「まず」「それから」도 주의시킨다.

d · 문형 9의 예문 2)에서 학습한 표현을 사용하여 연습한다.

e · 문형 9의 예문 3)에서 학습한 표현을 사용하여 연습한다.

10 団体旅行

- 탈것의 노선도와 시각표를 보고, 목적지까지의 방향을 설명할 수 있다.
- 동작의 진행을 나타내는 「～ている」를 사용하여, 누가 지금, 무엇을 하고 있는가를 표현할 수 있다.

1. 2時21分
2. 新宿で電車に乗ります。
3. 広田さんは、今、電話をしています。
4. 新館の部屋は洋室で、旧館の部屋は和室です。

❶ 東京から熱海まで、新幹線で行きます。

❖ 장면

단체 여행의 집합 장소인 東京역에서, 가이드가 참가자에게 下田로의 도정을 설명하고 있다.

＊ 伊豆여행의 팜플렛 등을 준비하여 伊豆를 소개한 후 본문에 나와 있는 熱海、伊東、下田 등을 지도에서 확인하면 좋다.

❖ 어휘/표현

① みなさん、今から今日の予定を言います。

사람을 부를 때의 말로서, 학습자가 자신의 이야기를 할 때에, 「(誤)今日、みなさんで ディズニーランドへ行きました。」라고 하지 않도록 주의한다.

❖ 문형

1　2時21分

- 제1과 문형 1에 이어서, 시간의 표현법을 학습한다. 여기에서는 1분 간격으로 읽는 법

을 학습한다.

➡연습 b

2 　新宿で電車に乗ります。

- 이동 동사와 그것에 수반되는 조사를 학습한다.
- 교재의 예문 형태에서 동사와 조사를 확실히 연습한 후, 「新宿で降ります。」「新宿で
  電車に乗って、渋谷で降ります。」와 같이, 교재에는 없는 예문을 들어 연습한다.

※ 私は毎日歩いて学校へ来ます。
　교통 기관을 사용하지 않는 경우의 표현을 소개하기 위하여 실었다.

➡연습 a, 연습 b

🔅 연습

a ・문형 2에서 학습한 표현을 사용하여, 新宿에서 ディズニーランド까지의 도정을 연습
한다.
　연습 예〉 1. 新宿から、中央線と京葉線でディズニーランドへ行きます。
　　　　　　　まず、新宿で中央線に乗って、東京でおります。
　　　　　　　舞浜からディズニーランドまで歩いて行きます。
　　　　　　　新宿からディズニーランドまで1時間ぐらいかかります。
b ・문형 1, 2에서 학습한 표현을 사용하여 연습한다.

❷ 電話をしています。

🔅 장면

下田로 가는 도중, 伊東의 휴게소에서 휴식을 취하는 모습이다.

＊ 본문 1에서 가이드가 「伊東でバスを降りて休憩します。」라고 말한 것을 상기시키면서 본문
　에 들어가면 좋다.

🔅 어휘/표현

① あれっ、広田さんや林さんは？
　林さんは？
　木村さんと長井は？
　모두 「どこですか。」가 생략되어 있다. 상승 억양으로 발음하는 것에 주의한다.
② さあ…。
　확실히 알지 못할 때에 쓰는 표현이다.

3 広田さんは、今、電話をしています。

- 동작의 진행을 나타내는「～ている」를 학습한다. 여기에서는 눈앞에서 행해지고 있는 동작을 묘사하는 용법을 학습한다.
➡ 연습 c
➡ 권말 「～ている」 참조

연습

c · 문형 3에서 학습한 표현을 사용하여, 사람의 동작을 말하는 연습을 한다.
연습 예〉 (둘씩 짝지어서, 사람을 가리키면서)

   A : 何をしていますか。
   B : 本を読んでいます。

❸ 新館の部屋は洋室で、旧館の部屋は和室です。

장면

下田의 호텔에 도착하여, 로비에서 가이드가 설명을 하고 있다.

✱ 호텔과 여관의 팜플렛을 준비하여,「洋室」「和室」「フロント」등, 포인트가 되는 단어를 이해시키면 좋다.

어휘/표현

① みなさん、<u>お疲れさまでした</u>。
상대방의 노고를 위로하는 인사말이다. 여기에서는 목적지에 도착했을 때 가이드의 인사말로서 이해시킨다.
학습자가 교사에 대해서 이 표현을 쓰지 않도록 주의한다.
② 外出の時、<u>かぎや貴重品はどうしますか</u>。
사물의 대처 방법을 묻는 표현으로서 연습한다.
③ <u>かぎはフロントに預けて、貴重品は持って行ってください</u>。
문형 4에서는 명사와 い형용사의 병렬문을 학습한다. 이 문장은 동사의 병렬문이다. 동사의 경우, て형에 이어지는 것을 여기서 간단하게 소개해도 좋다.

문형

4 新館の部屋は洋室<u>で</u>、旧館の部屋は和室です。

- 명사, い형용사를 사용한 병렬문을 학습한다.

· 두 문장의 내용을 특별히 대비시켜 말하는 방법(「昼はちょっと暑かったですが、朝と
  夜はあまりあつくありませんでした。」)은 제8과 문형 6에서 학습했다. 여기서 학습
  할 것은 대비가 아닌, 내용에 관한 가치 판단을 품고 있지 않은 사항을 병렬하여 진
  술할 때에 사용하는 것이다.

11 自己紹介

· 가족을 표현하는 말과 전공 분야의 언어 등을 학습하고, 자신과 가족의 소개를 할 수 있다.
· 자신이 희망하는 진로에 대해 이야기할 수 있다.

학습 문형

1. 家族の呼び方
2. 横浜に住んでいます。
3. 高校を卒業してから会社に勤めていました。
4. ファッションの勉強をします。
5. 日本へファッションの勉強をしに来ました。
6. ファッションショーに行きます。
7. 洋服を作るのが好きです。
8. A：誰とファッションショーに行きますか。
   B：友達と行きます。
9. デザインの勉強をしたいです。
10. A：もう学校を決めましたか。
    B：{ はい、もう決めました。
         いいえ、まだ決めていません。

본 문

❶ 私はマリー・ジジョンラクです。

▧ 장면

マリーが 일본어 학교 클래스에서 자기 소개를 하고 있다.

＊ 본문의 흐름을 참고로 하여 실제로 자기 소개를 시켜 보면 좋다. 제11과에서 학습할 어구는 마리의 전공이 패션이기 때문에 패션 관계의 것이 많이 나오지만, 학습자의 실정에 맞게 적절한 어휘를 도입한다.

① 私は日本の着物にとても<u>興味</u>があります。

「～に興味がある」의 형으로 자주 쓰인다. 특히 「(誤)私はファッションに趣味があります。」「(誤)私はファッションが興味です。」와 같이 「趣味」와 「興味」를 혼동하기 쉬우므로 주의한다.

🗶 문형

1 　家族の呼び方

- 가족의 호칭을 학습한다.
- 누나와 형의 악센트는 틀리기 쉬우므로 주의한다.
- 자신의 가족과 자신 이외 사람의 가족에 대해 이야기할 때, 호칭이 다른 점에 주의한다. 또, 상대방의 가족과 양친, 형제를 지칭할 때는 「ご家族」「ご両親」「ご兄弟」를 쓰는 것도 아울러 학습한다.
- 여기에서 교재 권말의 조수사표를 사용하여, 사람을 세는 법도 학습한다.
- 예문 2처럼, 상대의 가족에 대해서는 「います」가 아닌 「いらっしゃいます」를 사용하도록 지도한다. 그리고 경어는 제30과에서 학습한다.

✳ 형제가 많은 학습자를 위해 참고로 형제의 호칭 ①②를 실었다. 여기에서 취급된 것 외에 학습자의 실정에 맞게 「上の兄」「下の兄」등의 표현을 소개한다. 참고로 책에 실은 것은 어디까지나 형제가 많은 학습자를 위한 것이므로, 수업에서 클래스 전체에게 학습시킬 필요는 없다. 또, 결혼한 학습자가 있으면 필요에 따라

$$(私の)\begin{cases} 妻、夫 \\ 娘、息子 \end{cases} \qquad (吉田さんの)\begin{cases} 奥さん、ご主人 \\ 娘さん、息子さん、お子さん \end{cases}$$

등의 어휘를 소개하면 좋다.

2 　横浜に<u>住んでいます</u>。

- 사람의 사회적인 상태를 나타내는 「～ている」를 학습한다.
- 본문의 자기 소개, 가족 소개의 내용에 맞추어 「住んでいます」「結婚しています」「勤めています」「経営しています」등을 중심으로 학습한다.

✳ 학습자의 필요에 따라 「兄は父の会社で仕事をしています。」(가족이 회사를 경영하고 있는 경우),「父は今は仕事をしていません。」등을 소개하면 좋다.

➡ 권말 「～ている」참조

3 　高校を<u>卒業してから</u>会社に勤めていました。

- 행위의 순서를 나타내는 「～てから」를 학습한다.
- 접속사 「それから」는 제7과 문형 2에서 학습했다. 또 제9과 문형 9에서는 순서나 행

위의 순서를 나타내는 「〜て」를 학습했다. 예문 1)은 「〜て」와 거의 같은 의미이지만, 예문 2)처럼 보다 순서를 강조하고 싶을 때에는 「〜てから」를 사용한다.

4 ファッションの勉強をします。

- 전공 분야에 대해 이야기할 때의 표현 「〜の勉強をする」를 학습한다.
- 학습자의 전공 분야에 맞추어서 어휘를 소개한다.
- 일반적인 과목명일 때에는 「〜を勉強する」도 쓸 수 있지만, 그렇지 않은 경우에는 「〜の勉強をする」의 쪽이 자연스럽다.

  예) 文学を勉強します。

  　　観光の勉強をします。

※ 経営学を勉強します。

　일반적인 과목명일 때에 사용할 수 있는 「〜を勉強する」의 예를 소개하기 위하여 실었다.

5 日本へファッションの勉強をしに来ました。

- 동사의 ます형을 사용하여 「行く」「来る」의 목적을 나타내는 표현을 학습한다.
- 「行く」「来る」는 제6과 문형 2에서 학습했다.

※ 日本へファッションの勉強に来ました。

　「勉強(を)する」처럼 「する」를 수반하여 동사가 되는 것은 「勉強をしに来る」「勉強に来る」 등 양쪽 다 쓸 수 있다. 여기에서는 후자를 소개하기 위하여 실었다.

6 ファッションショーに行きます。

- 가는 목적을 나타내는 표현 「〜に行く」를 학습한다.
- 제6과 문형 2에서는 가는 장소를 나타내는 「〜へ行く」를 학습했다. 장소를 나타낼 때는 「〜へ行く」「〜に行く」 양쪽 다 쓸 수 있지만, 「入学式に行く」와 「パーティーに行く」등 행사, 목적 등을 나타낼 때는 「〜に行く」를 쓰는 경우가 많다.

7 洋服を作るのが好きです。

- 동사의 사전형에 접속하여 명사화하는 형식명사 「の」를 학습한다.
- 여기에서는 「〜のが好きです。」「〜のは好きじゃありません。」에 한해서 연습한다.

➡ 연습 a

➡ 권말 형식명사 「の」 참조

8 A：誰とファッションショーに行きますか。
　B：友達と行きます。

- 무언가를 함께 할 상대를 표현하는 조사 「と」를 학습한다.

・「友達といっしょにファッションショーに行きます。」의 형태도 소개한다.

※ 私は一人でごはんを食べます。

　무언가를 같이 할 상대가 없는 경우의 표현이다.

✖ 연습

a ・문형 7에서 학습한 표현을 사용하여 연습한다.

❷ 私の家族

✖ 장면

マリー가 쓴 가족 소개 작문이다.

✱ 작문 형식의 본문은 처음 나온다. 원고 용지 사용법을 지도하고, 가족을 소개하는 작문을 쓰게 하면 좋다. 또, 작문을 기초로 해서 자신의 가족에 대해 발표시켜도 좋다.

❸ デザインの勉強をしたいです。

✖ 장면

マリー가 담임 선생님과 진로에 대한 면담을 하고 있다.

✖ 어휘/표현

① マリーさんはこの学校を卒業してからどうしますか。

　상황에 대처하는 방법을 묻는 「どうしますか。」는 제10과 본문 3에서 학습했다. 여기에서는 이후의 예정에 대해 묻고 있다.

✖ 문형

9　デザインの勉強をし<u>たい</u>です。

・장래의 희망・소망을 나타내는 표현 「〜たい」를 학습한다.

・「〜たい」는 동사의 ます형에 접속하여 희망과 소망을 나타내는 표현인데, 이 「〜たい」는 「水が飲みたい」「水を飲みたい」와 같이 「が」「を」 양쪽을 다 사용할 수 있다. 그러나 「開く」「開ける」처럼 자동사, 타동사의 대응이 있는 것은, 「教室のドアが開けたいんですが、〜。」보다 「ドアを開けたい」 쪽이 더 자연스럽다. 또, 「このCDを自分の部屋で、ゆっくりと一人で聞きたい。」와 같이 「CD」와 「聞きたい」가 떨어져 있는 경우에도 「を」쪽이 더 자연스럽다. 그래서 이 교재에서는 학습자에게 있어 사용범위가 더 넓은 「〜を〜たいです。」형을 중심으로 다루었다. 그리고 「〜たがっていました。」는 제23과 문형 8에서 학습한다.

· 예문 3)의 「명사＋になる」는 제12과 문형 5에서 자세히 학습한다. 여기에서는 자신이 장래에 되고 싶은 직업을 말하는 표현 「직업을 나타내는 명사＋になる」에 한해서 학습한다.

※ 映画を見たいです。／映画が見たいです。
「～が～たい」의 형을 소개하기 위하여 실었다.

10 A：もう学校を決めましたか。
B：はい、もう決めました。
　　いいえ、まだ決めていません。

· 행위가 완료되었는지 아닌지 묻는 표현과, 그에 대답하는 표현을 학습한다.
· 「はい」라고 할 때는 질문문과 같은 과거형으로 대답하는 것에 반해, 「いいえ」로 대답할 때는 「～ていません。」이 된다는 점에 주의한다. 「～ていません。」과 「～ませんでした。」와 「～ません。」의 차이는 아래와 같다.

　「おべんとうを買いましたが、まだ食べていません。」 …아직 행위가 완료되지 않음
　「今日は忙しかったので、昼ごはんを食べませんでした。」　…부정
　「私はいつも昼ごはんを食べません。」　　　　　　　　　…부정

· 예문 3)처럼 「いいえ、まだです。」도 「いいえ、まだ～ていません。」과 같이 사용한다.
· 「雨はまだ降っていますか。」「いいえ、もう降っていません。」처럼 동작과 상태가 계속되고 있는지 아닌지를 묻는 표현은 제16과 문형 2에서 학습한다.
❶ 권말 「もう／まだ」 참조

# 料理教室

· 기본형을 학습하고, 그것을 사용하여 간단한 메모를 할 수 있다.
· 기본적인 요리 용어를 이해할 수 있다.

1. 料理のことば
2. <u>もっと</u>大きく切ってください。
3. なべ<u>で</u>炒めます。
4. たまねぎを薄<u>く</u>切ります。
5. 固<u>く</u>なります。
6. 薄切りの牛肉を長く煮る<u>と</u>、固くなります。
7. 動詞基本体(現在)

❶ たまねぎを薄く切ります。

✖ 장면

텔레비전 요리 프로그램에서, 山田선생님이 도우미와 함께 牛どん의 조리법을 소개하고 있다.

O 이 본문은 메모 부분이 학습 포인트의 하나이다. 요리 순서를 이해하고, 기본형으로 메모를 할 수 있도록 한다.

✱ 본문에 들어가기 전에 요리책, 잡지 등에서 牛どん을 소개한다. 그리고 p163의 재료표와 일러스트에서 재료를 확인하면 좋다.

✱ 학습자에게 각각의 나라, 지역의 대표적인 요리의 조리법을 메모해서 발표시키면 좋다.

✖ 어휘/표현

① 材料はこの表を<u>ごらんください</u>。

「見る」의 경어이다. 경어는 제30과에서 학습한다. 여기에서는 의미만 이해하면 된다.

② まず、たまねぎを切ります。

　　次に、牛肉を切ります。

　　순서를 설명할 때 쓰는 표현이다.

③ 初めに半分に切って、それから薄く切ります。

　　②와 마찬가지로, 순서를 설명할 때 쓰는 표현이다.

④ 初めに半分に切って、それから薄く切ります。

　　「半分」을 な형용사로 잘못 알지 않도록 주의한다. 「半分に」라는 하나의 부사적 표현으로서 학습한다.

⑤ 先生、大きさは？

　　い형용사의 명사화이다. 「広さ」「長さ」등을 소개한다. 단, 「短さ」「狭さ」등 쓰는 장면이 한정되어 있는 것도 있으므로, 자주 쓰이는 것만 소개한다.

⑥ これをなべで炒めます。

　　얇게 썬 양파와 적당한 크기로 썬 쇠고기를 가리키고 있는 것을 확인한다.

⑦ ここに、だしと調味料を入れて、3分ぐらい煮ます。

　　장소가 아닌, 양파와 쇠고기를 볶는 냄비를 가리키고 있는 것을 확인한다.

⑧ 先生、もういいですか。

　　작업을 그만해도 괜찮은지를 묻는 표현이다.

⑨ これで、できあがりです。

　　작업의 완료를 알리는 표현이다.

　　「これで終わりです。」도 소개한다.

✖ 문형

1　料理のことば

- 요리에 관련된 동사를 학습한다. 동사와 조사의 조합에 주의한다.
- 여기에 나온 동사는 본문의 이해를 돕기 위해 학습하는 것이므로, 이외의 요리에 관한 동사 등은 소개하지 않아도 좋다.
- 「切る」「止める」「入れる」「のせる」등에 대해서는, 요리 이외의 장면에서도 쓰이지만, 여기서는 여러 가지 사용법을 가르칠 필요는 없다.

2　もっと大きく切ってください。

- 부사「もっと」를 학습한다.
- 「もっと」는 어떤 평가 기준에 근거해서 「さらに～」라는 의미를 나타낸다. 그 평가 기준은 화자의 판단에 의해 결정되며, 상황에 따라 변화한다. 예를 들면, 예문 1), 2)에서는 눈앞에 있는 것이 그 평가 기준이 되고, 그것보다도 「さらに」라는 의미를 나타내고 있다.

3   なべで炒めます。

· 도구, 방법 등을 나타내는 조사 「で」의 용법을 학습한다.
· 이 「で」는 「～を使って」로 바꿔 쓸 수 있다.

4   たまねぎを薄く切ります。

· い형용사의 부사적 용법을 학습한다.
· な형용사의 부사적 용법은 제9과 문형 7에서 학습했다. 여기서 간단히 복습한다.

※ きれいにそうじをしてください。(제9과 7)
　な형용사의 부사적 용법을 확인하기 위하여 실었다.

5   固くなります。

· 변화를 나타내는 「형용사＋なる」「명사＋なる」의 형을 학습한다.
· 「직업을 나타내는 명사＋なる」는 제11과 문형 9에서 학습했다.
· 「형용사＋する」는 제31과 문형 6에서 학습한다.
❍ 권말 「～になる」 참조

6   薄切りの牛肉を長く煮ると、固くなります。

· 조건법 「～と」를 학습한다.
· 조건법 「～と」의 용법은 매우 다양하여, 초급 단계에서 한번에 학습하는 것은 어렵다. 그래서, 여기에서는 「コーヒーに砂糖を入れると甘くなります。」「夏になると暑くなります。」와 같이, 전건이 성립하면 그 결과 후건에 진술된 사항이 자연스럽게 일어난다는 것만을 학습한다. 따라서, 어느 한 회만 생긴 일을 진술한 용법(今日は授業が終わると、みんなすぐ帰ってしまいました。)과 어떤 사람의 습관을 진술한 용법(私は朝起きると、まず新聞を読みます。)은 여기에서는 다루지 않는다.
· 「て형」에 의한 접속과의 차이를 알기 쉽게 이해시키기 위해, 여기서의 「と」는 다음 두 가지의 조건을 만족시키는 것에 한해서 다루었다.
  (1) 「언제라도 전건이 성립하면, 후건이 발생한다」는 일반적인 사항을 나타낸다.
  　　예) 薄切りの牛肉を長く煮ると、固くなります。
  (2) 후건에 오는 것은 자연스럽게 일어난 사항으로, 전건의 주체가 그 사항을 조작할 수는 없다. 그것을 이해하기 쉽도록, 여기에서는 전건과 후건의 주체가 동일하지 않은 표현만을 다루었다.
  　　예) (私が)コーヒーに砂糖を入れると、(コーヒーが)甘くなります。
· 「(誤)砂糖を入れて甘くなります。」와 같은 혼동에 대해서는 다음과 같은 예문을 들면 좋다.
  　　예1) (私が)コーヒーに砂糖を入れて、(私が)飲みます。
  　　예2) (私が)コーヒーに砂糖を入れると、(コーヒーが)甘くなります。

◐ 권말「〜と」참조

7 　動詞基本体（現在）

- 동사 기본체의 현재형을 학습한다.
- 이 교재에서는 아래와 같은 경우에 쓰이는「行く」「楽しかった」「学生じゃない」같은 형을「기본체」라고 부른다.
    1. 메모, 일기, 논문, 신문 기사 등의 간결한 글말과 친한 사이에서의 회화 문말
    2. 문장 속에서「〜と思う」「〜からです」등으로 접속될 때
- 여기에서 새롭게 학습하는「기본체」라는 명칭과, 이제까지 학습해 온 문말의 형태를 나타내는「です・ます체」라는 명칭을 아울러 소개한다.
- 「ある」의 기본체 부정형이「ない」가 되는 것에 주의한다.
- 부정형의 활용은 형용사와 같은 형태라는 것을 이해시킨다.
- 표에 있는 것 이외에, 이미 학습한 문형 중에서 아래의 것도 소개한다.

です・ます체	기본체
遅れてはいけません	遅れてはいけない
固くなります	固くなる
電話をしています	電話をしている

- 여기에서는 동사의 기본체(현재)만을 학습하지만, 제13과 문형 1에서는 형용사, 명사의 기본체(현재), 제14과 문형 1에서는 동사, 형용사, 명사의 기본체(과거)를 학습한다.

▶ **요리 언어** (p. 170, 171)
- 참고로 요리 언어를 실었다. 제12과까지에서 학습한 단어는 굵은 글자로 표시했다. 학습자에 따라 적절히 소개하면 좋다.

13 留学生の生活意識

자신을 둘러싼 생활 환경에 대한 감상과 의견을 말할 수 있다.

1. い形容詞・な形容詞・名詞 基本体(現在)
2. 日本での生活は楽しいですか。
3. アルンさんは大学院で経済学の勉強をしている学生です。
4. A：東京の生活環境をどう思いますか。
   B：いいと思います。
5. A：どうしていいと思いますか。
   B：安全だからです。
6. いろいろな学校があるし、大きい本屋も多いし、とても便利です。
7. どんな講義がわかりにくいですか？
8. 今はもう慣れましたから、楽しいです。
9. 講義がよくわからない時は、友達に聞きます。

❶ アンケート

✖ 장면

유학생의 생활 의식에 대하여 조사하기 위한 앙케트 용지이다.

ㅇ 이 본문은 형용사, 명사의 기본체(현재)와 「です・ます체」와의 차이를 알기 쉽게 나타내기 위하여, 앙케트 용지로 설정했다. 상대방에게 직접 묻는 질문문은 「です・ます체」, 선택지 부분은 기본체로 되어 있다. 형용사와 명사의 기본체 형태에 주목시키면서 본문을 학습한다.

＊ 실제로 앙케트에 답하고, 학습자들끼리 그 결과를 서로 발표하게 하면 좋다.

◪ 어휘/표현

① あてはまるものに○をつけてください。
   선택지를 고르는 지시문이라는 것을 알면 된다.
② ことばの違いは大きい問題ですか。
   동사의 명사화 표현으로, 여기에서 처음 나온다.

◪ 문형

1 い形容詞・な形容詞・名詞 基本体(現在)

- 형용사, 명사의 기본체(현재)를 학습한다. 동사의 기본체는 제12과 문형 7에서 학습
  했다.
- 「いい」의 부정형이 「よくない」인 것에 주의한다.

2 日本での生活は楽しいですか。

- 명사와 명사를 접속하는 「の」앞에, 두 명사의 관계를 더 명확하게 하는 조사가 덧붙
  여진 표현을 학습한다.
- 본문 1의 질문 3.「学校の勉強は大変ですか。」와 같이 「で」가 필요 없는 경우도 있다.
  또,「日本での勉強」「日本の勉強」와 같이 「で」의 유무로 의미가 변하는 경우도 있다는
  것에 주의한다.
- 여기에서는 본문과 예문에서 소개한 것에 한하여 연습한다.

❷ どう思いますか。

◪ 장면

대학에서 伊藤기자가 아룬과 린에게 도쿄의 생활 환경에 대해 인터뷰하고 있다.

○ 본문의 내용 이해에 관해 교사가 질문할 때, 이미 학습한 문형(「アルンさんは東京の生活環境
  をどう思っていますか。」)을 사용할 위험성이 있다. 문형 4를 참조하여 학습자가 혼란을 겪
  지 않도록 질문한다.

◪ 어휘/표현

① 今日は、留学生のみなさんに東京での生活についてインタビューします。
   「話す」「質問する」「調べる」등의 동사를 수반하여 토픽과 테마를 나타낸다.
② 私も安全でいい所だと思いますが、問題もいろいろあると思います。
   제11과 본문 1(「いろいろなデザイナーの服」)에서는 な형용사로서 학습했다. 부사로서
   는 여기에서 처음 나온다.

③ たとえば？

예시를 구하는 표현으로 전문을 말하지 않고 이것만으로도 사용할 수 있지만, 윗사람에게는 사용하면 실례가 된다는 것에 주의한다.

④ でも、いろいろな学校があるし、大きい本屋も多いし、学生にとって便利だと思います。

「このテストは中級の学生にとってはやさしいが、初級の学生にとっては難しい。」와 같이 어떤 것이 특정한 입장에 있는 사람에게 있어서는 어떠할 지를 말할 때 쓰는 표현이다.

[illegible] 문형

3 　アルンさんは大学院で経済学の勉強をしている学生です。

- 명사 수식을 학습한다.
- 「人」라는 피수식어 앞에 명사와 형용사를 붙여 「日本の人」「やさしい人」「まじめな人」와 같이 수식하여 정보를 첨가하는 것과 마찬가지로, 동사(기본체)에 의해서도 수식할 수 있다는 것을 학습자에게 이해시킨다.
- 이 교재에서는 명사 수식을 제13과, 제18과, 제21과에 나누어서 다루고 있다. 이 과에서 학습할 명사 수식은 아래와 같다.
  ① 문장 구조
   명사 수식절이 술부에 오는 것
   「アルンさんは大学院で経済学の勉強をしている学生です。」
  ② 명사에 접속하는 형
   「大学で建築の勉強をしている学生」
   「よく勉強する学生」
  ③ 피수식명사
   「人」에 준하는 것만
- 여기에서는 예문 1)처럼 눈앞에서 여러 가지 동작을 하고 있는 사람을 한정하는 표현을 중심으로 연습한다.
- 예문 2)처럼 그 사람의 성질과 습관을 나타내는 표현법은 실제로 사용하는 경우가 드물고, 「?リンさんは中央線に乗る学生です。」처럼 부자연스러운 문장이 나올 수 있기 때문에 여기에서는 연습하지 않는다.
- 학습자는 여기에서 「勉強している学生」와 「勉強する学生」양쪽이 눈에 띄게 마련인데, 그 차이는 본래 문장의 차이이다.
   전자 …「アルンさんは大学院で経済を勉強しています。」
        사람의 사회적 상태를 나타내는 「〜ている」의 문장 (제11과 문형 2)
   후자 …「リンさんはよく勉強します。」
        습관을 나타내는 현재형의 문장 (제6과)
- 「朝ごはんを食べない人」처럼 명사 수식절에 부정형이 쓰이는 형은 제18과 문형 2에

서 학습하므로 여기에서는 연습하지 않는다.

➡연습 a

➡권말 「명사 수식」 참조

4

> A : 東京の生活環境をどう 思いますか。
> B : いいと 思います。

- 상대에게 의견을 묻는 표현 「～をどう思いますか。」와 「기본체＋と思います。」의 형으로, 자신의 의견과 생각을 말하는 표현을 학습한다.
- 아직 어휘가 한정되어 있는 학습자가 자유롭게 자신의 의견을 말하는 것은 어려우므로, 여기에서는 예문 1)~4)와 같이 제13과까지의 형용사와 동사를 사용해서 대답하는 연습을 하여, 「기본체＋と思います。」의 문형을 습득시킨다.
- 「～と思います。」는 질문에 대해 그 자리에서 생각나는 의견을 말하는 표현이다. 이에 비해, 이전부터 가지고 있던 생각을 말하는 「～と思っています。」의 표현도 있지만, 여기에서는 학습하지 않는다. 이 「～と思っています。」는, 제삼자의 생각을 진술할 때도 쓰이기 때문에, 본문 2의 내용 이해에 관해 질문할 때에, 교사는 「リンさんは東京での生活をどう 思っていますか。」라고 말하기 쉽다. 여기에서는 학습자가 완전히 등장 인물이 되게 하여 대답하게 하는 등의 노력으로 혼란스럽지 않게 한다.

➡연습 b

5

> A : どうしていいと思いますか。
> B : 安全だからです。

- 이유를 묻거나 「기본체＋からです」의 형으로 이유를 말하는 표현을 학습한다.
- 「～からです。」라는 형은 실제 회화에서는 그다지 쓰이지 않고, 「～から…。」처럼 뒤를 생략하거나, 「～んです。」를 쓰는 쪽이 자연스럽다. 여기에서는 「기본체＋からです。」의 형을 정착시키기 위해, 예문 1)과 연습 b의 회화의 흐름에 한하여 연습한다.
- 예문 2)의 「どうしてですか。」는 「どうして～と思いますか。」와 「どうして楽しくありませんか。」의 후반 부분을 생략한 표현이다. 그러나 실제로는 「どうして～と思いますか。」는 별도로 하고, 「どうして楽しくありませんか。」처럼 묻는 것은 부자연스럽기 때문에 「どうして楽しくないんですか。」처럼 「～んですか。」를 쓰는 것이 보통이다. 「～んですか。」는 제16과 문형 1에서 학습하므로 여기에서는 「どうしてですか。」를 썼다.

➡연습 b

6

> いろいろな学校があるし、大きい本屋も多いし、とても便利です。

- 몇 개인가의 사항을 열거하여 말하는 표현 「～し、～し、～。」를 학습한다.
- 여기에서는 「～し、～し、～。」를 사용하여 주장하는 용법을 학습한다.

・「～し、～し、～。」は「～て」に 의한 접속 같은 단순한 병렬이 아니다.

예)　　A : 昨日何をしましたか。
　　　　B : 掃除をして洗濯をしました。　　（시간의 경과에 따른 사실의 병렬）

　　　　A : 昨日は忙しかったですか。
　　　　B : ええ、掃除もしたし、洗濯もしたし、とても忙しかったです。
　　　　　　　　　　（이유）　　　　　　　　　　（주장）

「ええ、掃除もしたし、洗濯もしました。」처럼 주장(여기에서는 「忙しかったです。」)
은 언외에 놓이는 경우가 많다.

✖ 연습

a ・문형 3에서 학습한 표현을 사용하여 연습한다.

b ・문형 4, 5에서 학습한 표현을 사용하여 연습한다.

　　・아직 어휘가 많지 않은 학습자에게 자신의 의견을 말하게 하는 것은 어렵기 때문에,
　　여기에서는 주어진 문장을 사용하여 두 개의 문형을 정확하게 습득하는 것을 중심으
　　로 연습한다.

❸ 今はもう慣れましたから、楽しいです。

✖ 장면

본문 2에 이어지는 장면으로, 伊藤기자가 아룬과 린에게 학교 생활에 대해 인터뷰하고
있다.

✖ 어휘/표현

① では、みなさんの学校生活はいかがですか。
　「どうですか。」의 정중한 표현이다. 윗사람에 대해서, 또는 점원이 손님에게 말할 때, 인
　터뷰 등 격식을 차려야 하는 장면에서 말할 때 쓴다.
② 初めは大変でしたが、今はもう慣れましたから、楽しいです。
③ 私も日本人の友達ができましたから、楽しくなりました。
　②는 지금의 상태에 포인트를 두고 말하는 것에 비해, ③은 변화에 포인트를 두어 말하
　고 있다.
④ それに、黒板の字が読みにくい時も困ります。
　바로 전에 말한 것에 덧붙여서 말하는 표현이다.

✖ 문형

7　どんな講義がわかりにくいですか？

・무언가를 하는 것이 어렵다고 하는 표현 「～にくい」와 그 반대의 의미인 「～やすい」

を 学습한다.
・동사의 「ます형」에 「やすい」「にくい」가 붙은 것은 「い형용사」와 같은 활용을 한다는
　것에 주의한다.
・예문 1)처럼 「小さくて読みにくい」등, 「にくい」「やすい」의 앞에는 「て형」을 사용해
　서 원인・이유를 나타내는 경우가 많다.

<hr>

8　今はもう慣れましたから、楽しいです。

・「どうして～ですか。」라는 질문에 대해, 「기본체＋からです。」의 형으로 이유를 진술
　하는 표현을 문형 5에서 학습했다. 여기에서는 「～から、～。」와 같이 자기 자신이 원
　인・이유를 전건으로 내세우고 후건의 사항을 진술하는 표현을 학습한다.
・「から」 앞의 형에 대해서는, 예문 1)~3)처럼 윗사람에 대해서 말하거나 예의를 갖
　춰야 할 장소에서 말하는 등, 정중함이 필요한 때에는 「ます형」이 바람직하다. 그러
　나 예문 4)~6)처럼 그렇지 않을 때에는 기본체를 쓰기 때문에 양쪽 모두 사용할 수
　있도록 연습한다.

9　講義がよくわからない時は、友達に聞きます。

・어떤 때인지를 한정해서 말하는 표현 「～時」를 학습한다.
・여기에서는 일반성이 있는 「時」의 표현으로 동사, 명사, 형용사에 접속하는 형을 학
　습한다. 또, 「行く時」「行った時」처럼 어느 시점을 한정해서 말하는 표현은 제28과 문
　형 3에서 학습한다.

14 マリーさんの日記

학습 목표

기본체의 과거형을 사용한 일기 등 정리된 문장을 읽고 이해할 수 있다.

학습 문형

1. 基本体(過去)
2. 休憩時間が短かったので、私はバスを降りなかった。
3. 花のスケッチをしたり、植物園の人にいろいろ質問したりした。

본 문

❶ 3時15分に熱海に着いた。

◈ 장면

マリーが下田の호텔에서 쓴 여행 첫날의 일기이다.

○ 기본체 6의 과거형을 이해하기 쉽도록 일기 형식의 본문을 취했다.

○ 일기의 테마가 되고 있는 여행은 제10과의 단체여행이므로, 참가자와 스케줄, 下田의 위치 등
을 확인하고 나서 본문 학습에 들어간다.

◈ 어휘/표현

① いま、下田のホテルにいる。
② 明日は植物園と波勝崎へ行く。

이 두 개의 문말만이 기본체의 현재형으로 되어 있다. ①은 현재의 상태를 나타내고 있
고, ②는 가까운 미래의 행위를 나타내고 있다.

◈ 문형

1 　基本体 （過去）

· 기본체의 과거형을 학습한다. 기본체의 현재형은 제12과 문형 7, 제13과 문형 1에서
학습했다.

- 품사에 따라 기본체를 만드는 법이 다르기 때문에, 학습자가 혼란스러워 하지 않도록 단계를 밟아가며 지도한다.

2 | 休憩時間が短かった<u>ので</u>、私はバスを降りなかった。

- 이유를 나타내는 「ので」를 학습한다. 「～から、～。」는 제13과 문형 8에서 학습했다.
- な형용사와 명사의 현재형에 이어지는 형이 「<u>静かなので</u>」「<u>学生なので</u>」처럼 기본체가 아니라는 점에 주의한다.
- 학습자가 일상 생활에서 「です・ます체＋ので」의 형을 쓰면 지나치게 정중한 인상을 주기 때문에, 여기에서는 「기본체＋ので」의 형을 쓰도록 지도한다.
- 이 교재에서는 「から」도 「ので」와 똑같이 원인・이유를 나타내는 표현으로서, 쓰임을 나누지 않고 있다. 단, 제13과 문형 5에서 학습한 다음의 용법에서는 「ので」는 쓸 수 없는 것으로 여기에서 지도한다.

  A : <u>どうして</u>いいと思いますか。

  B : 　　新しい<u>から</u>です。

  　(誤) 新しい<u>ので</u>です。

- 「ので」는 「から」보다 주관을 상대방에게 강요하는 인상이 적고, 조심스럽게 의향 등을 나타내는 데에 적합하므로, 연습 a와 같은 장면에서의 용법도 연습한다.

➜ 연습 a, 연습 b

◈ 연습

a · 문형 2에서 학습한 표현을 사용하여 연습한다.

b · 문형 2에서 학습한 표현을 사용하여 연습한다.

❷ 本当に楽しい旅行だった。

◈ 장면

본문 1과 이어지는 내용으로, 여행을 끝낸 마리가 집에 오고 나서 여행 2일째에 대해 쓴 일기이다.

＊ 본문 1, 2를 학습한 후에, 학습자에게도 일기를 쓰게 하면 좋다.

◈ 어휘/표현

① えさを<u>やったり</u>写真を撮ったりした。

여기에서는, 원숭이에게 먹이를 준다는 것만 알면 된다. 「あげる、もらう」는 제24과 문형 3, 문형 4에서 「くれる」는 제25과 문형 4에서 학습한다. 이 교재에서는 동물과 식물에 대하여 「やる」를 쓰고 있지만, 「あげる」와 「やる」의 각각의 쓰임은 따로 다루지 않는다.

② <u>帰り</u>は東京までずっとバスだったので、あまり<u>快適</u>ではなかった。
「行き」도 소개한다.

⊠ 문형

3 花の<u>スケッチ</u>を<u>したり</u>、<u>植物園</u>の人にいろいろ<u>質問したり</u>した。

- 여러 가지 행위 중에서 예로서 몇 개인가를 나타내는 표현을 학습한다.
- 「〜て」를 사용한 문장과는 달리, 「〜たり」를 이용한 문장은 여러 가지 행한 행위 중에, 몇 개인가를 다루어 이야기할 때에 쓰인다.
- 「<u>食べたり</u>」「<u>そうじをしたり</u>」처럼 기본체의 과거형과 같은 형이 되기 때문에 학습자가 과거의 사실로 오해하는 경우가 있다. 문장 전체의 시제가 예문 2)와 같이 현재인 것과 예문 1)과 같은 과거의 것을 연습하여, 문말에 따라 시제를 달리 쓰는 것을 이해시킨다.

➡ 연습 c

⊠ 연습

c · 문형 3에서 학습한 표현을 사용하여 연습한다.

✻ 이 연습을 한 후에, 학습자 자신의 생활에 대해서도 발표시키면 좋다.

15 どちらのほうが近いですか。

· 자신이 사고 싶은 것이나 아파트의 물건 등을 비교하거나 검토할 수 있다.
· 주거에 관한 기본적인 용어를 이해할 수 있다.

1. A : 中野と東中野とどちらのほうが近いですか。
   B : 東中野のほうが（中野より）近いです。
2. A : 中野と東中野とどちらのほうがにぎやかですか。
   B : 中野のほうがずっとにぎやかです。
3. A : 中野と東中野とどちらのほうが近いですか。
   B : どちらも同じぐらいです。
4. 関東バスも西武バスも通ります。
5. 遠すぎます。
6. A : 東中野と三鷹と池袋の部屋の中で、どれがいちばん静かですか。
   B : 東中野の部屋がいちばん静かです。
7. この部屋は台所が広いです。
8. この部屋は三鷹の部屋より駅から近いです。
9. この部屋はみっつの部屋の中でいちばん新しいです。
10. 部屋を見に行きましょう。

＊ 이 과에서 학습하는 주된 비교 문형의 출제 순서는 아래와 같다.
　문형 1 「AのほうがBより〜」
　　　Aと Bと라고 하는 대등한 관계에 있는 두 개를 비교하는 것
　문형 6 「(AとBとCの中で) Aがいちばん〜」
　　　Aと Bと C라고 하는 대등한 관계에 있는 3개(「スポーツの中でサッカーがいちばん好きで
　　　す。」처럼 비교하는 것이 4개 이상이 되는 경우도 있다)를 비교하는 것
　문형 8 「Aは〜より〜」
　　　A에 대하여 다른 것과 비교해서 말하는 표현
　문형 9 「Aは〜の中でいちばん〜」
　　　A에 대하여 다른 것(3개 이상의 것)과 비교해서 말하는 표현

❶ どちらのほうが近いですか。

✕ 장면

敬子가 東中野의 방에 대해 부동산 주인에게 여러 가지를 질문하고 있다.

O 비교 문형이 실제로 자주 쓰여지는 장면으로「부동산에서의 아파트 물건 검토」를 선택했다. 본문 학습에 들어가기 전에 주거에 관한 기본적인 용어(6畳、ダイニングキッチン、ベランダ 등)와 방 배치 그림 보는 법을 학습한다.

✳ 부동산 광고, 아파트 정보지 등을 준비하여, 그것을 보이면서「駅から近いですか。」「家賃が高いですか。」와 같은 질문을 하고, 학습자가 지금 살고 있는 장소에 대해서도 같은 질문을 하여, 이 과의 화제를 이해시킨다.

✕ 어휘/표현

① ちょっと高いですね。
   사양하는 듯이 클레임을 거는 표현이다.

✕ 문형

1
> A：中野と東中野と どちらのほうが近いですか。
> B：東中野の ほうが(中野より)近いです。

· A와 B라는 대등한 관계에 있는 두 개를 비교하여 묻는 표현「AとBと どちらのほうが～。」와, 마찬가지로 대등한 관계에 있는 두 가지를 비교하는 표현「AのほうがBより～。」를 학습한다.

✳ 처음에는 시계와 가방 등 근처에 있는 것 중 특징을 비교할 수 있는 물건을 사용하여, 문형의 도입과 연습을 하면 좋다.

➡ 연습 a

2
> A：中野と東中野とどちらのほうがにぎやかですか。
> B：中野のほうがずっとにぎやかです。

· A와 B를 비교하여, 그 차이의 정도를 말하는 표현「ずっと」「ちょっと」와「～円高い(安い)」등 구체적인 숫자를 들어 차이를 말하는 표현을 학습한다.
· 정도의 표현이 들어가는 위치에 주의시킨다.
· 학습자가 제14과 본문 2의「今日は朝からずっといい天気だった。」와 혼동하기 쉬우므로 주의한다.

➡ 연습 a

3　A：中野と東中野とどちらのほうが近いですか。

　　B：どちら<u>も</u> <u>同じぐらい</u>です。

- 비교하고 있는 두 가지 사항에 정도의 차이가 없는 것을 나타내는 표현 「<u>同じぐらい</u>（〜）です。」를 학습한다.

　　a. 同じぐらいです。

　　b. 同じぐらい 形容詞 です。

에 대하여, 교과서의 예문을 기초로 정리하면 아래와 같다.

　예문 1) 新宿も 渋谷も 각각 다 번화 하기 때문에, a와 b 양쪽 모두 쓸 수 있다.

　예문 2) 일본산 컴퓨터도 미국산 컴퓨터도 각각 싸다 고는 말할 수 없기 때문에,

　　　　　b는 쓸 수 없다.

✖ 연습

a　· 문형 1, 2에서 학습한 표현을 사용하여 연습한다.

❷ 駅から遠すぎます。

✖ 장면

본문 1과 이어지는 내용으로, 敬子는 三鷹의 방을 소개받아 여러 가지 질문을 하고 있다.

✖ 어휘/표현

① <u>じゃあ、この三鷹のアパートはどうですか。</u>

지금의 상황에 대해서 감상을 묻는 표현 「いかがですか。」（「どうですか。」의 정중한 형）는 제13과 본문 3에서 이미 학습했다. 여기에서는 손님에게 상품과 물건 등을 제시하고, 권할 때에 쓰는 표현으로 쓰이고 있다.

② <u>バスはたくさんありますか。</u>

버스편이 많이 있는지 어떤지 묻고 있다.

✖ 문형

4　関東バス<u>も</u>西武バス<u>も</u>通ります。

- 몇 개인가의 물건을 나열하여 말하는 조사 「も」를 학습한다.
- 「関東バス<u>と</u>西武バス<u>が</u>通ります。」가 단순히 두 가지 것을 나열해서 말하는 표현인데 반해, 이 과의 「関東バス<u>も</u>西武バス<u>も</u>通ります。」는 「だから、便利だ。」「だから交通量が多い。」등 말하는 사람의 어떤 판단이 언외에 있는 표현 방식이다. 연습할 때에는 예문 1)과 같이 「うちのそばにはスーパー<u>も</u>小さい店<u>も</u>ある<u>から</u>便利です。」라는 형으로 말하면 「〜も〜も」를 사용하는 의미를 이해시키기 쉽다.

| **5** | 遠すぎます。 |

- 물건이 도를 넘어서 좋지 않다는 것을 말하는 표현 「～すぎる」를 학습한다.
- 「～すぎる」는 い형용사・な형용사・동사에 접속하지만, 「～すぎます。」로 명확하게 「悪い」라는 내용을 나타내는 형용사의 예는 이제까지 학습한 것 중에는 없기 때문에, 여기에서는 형용사의 예를 들지 않는다.

◗ 권말 「～すぎ」 참조

❸ どれがいちばん静かですか。

▧ 장면

본문 2에 이어지는 장면으로, 敬子는 마지막으로 池袋의 방을 소개받아, 세 개의 방을 비교, 검토하고 있다.

▧ 문형

| **6** | A：東中野と三鷹と池袋の部屋の中で、どれがいちばん静かですか。
B：東中野の部屋がいちばん静かです。 |

- A와 B와 C라는 대등한 관계에 있는 세 가지(「スポーツの中でサッカーがいちばん好きです。」처럼 4개 이상이 되는 경우도 있다)를 비교하는 표현을 학습한다.
- 어디, 누가, 언제, 어느 것, 무엇에 따른 각각의 사용법에 주의한다.

예) [東京] と [大阪] と [名古屋] の中でどこがいちばん人口が多いですか。
　　[日本の都市] の中でどこがいちばん人口が多いですか。

　　[ワンさん] と [リーさん] と [マリーさん] の中で誰がいちばん早く学校へ来ますか。
　　[クラス] の中で誰がいちばん早く学校へ来ますか。

　　[4月] と [6月] と [9月] の中でいつがいちばん雨が多いですか。
　　[一年] の中でいつがいちばん雨が多いですか。

　　[すもう] と [野球] と [サッカー] の中でどれがいちばん好きですか。
　　[スポーツ] の中で何がいちばん好きですか。

➡ 연습 b

❹ この部屋は台所が広いです。

▧ 장면

본문 3에 이어지는 장면으로, 敬子는 세 개의 방을 비교, 검토하고 있다.

① <u>この部屋は</u>台所が広いですね。

　　본문 3에서, 부동산 주인이 가장 조용하다고 말한 東中野의 방을 가리키고 있다.

◪ 문형

7 　この部屋は台所が広いです。

- 문장 전체의 주제를 「～は」로 나타내고, 그 설명을 「～が」로 나타내는 표현을 학습한다.
- 이 「は」의 용법은 문형 8 「この部屋は三鷹の部屋より駅から近いです。」의 전단계로서 학습하는 위치 부여로도 되어 있다.
- ✱ 학습자에게 「～さんの部屋は台所が広いですか。」등의 질문을 하거나, 여러 가지 집과 방의 사진을 보이며 「この部屋は窓が小さいです。」등 물건의 특징과 성질을 말하는 연습을 한 후에, 예문 2), 3)처럼 방 이외의 예로 연습하면 좋다.

8 　この部屋は三鷹の部屋より駅から近いです。

- 「池袋の部屋は三鷹の部屋より駅から近いです。」와 같이, 문형 7에서 학습한 「～は」로 표시된 사항, 즉 「池袋の部屋」에 대해서 다른 것과 비교하여 말하는 표현을 학습한다.
- ✱ 문형 8을 학습한 후, 예문 1)의 표현을 사용하여 자기 나라 소개등 시키면 좋다.

9 　この部屋はみっつの部屋の中でいちばん新しいです。

- 문형 8과 마찬가지로, 「～は」로 나타낸 사항을 다른 것(문형 9에서는 3개 이상의 것)과 비교해서 말하는 표현을 학습한다.

10 　部屋を見に行きましょう。

- 자신과 같은 행동을 취하도록 상대방에게 촉구하는 표현 「～ましょう。」를 학습한다. 상대방을 위해 자신이 어떤 행동을 행할 것을 자청하는 표현 「～ましょうか。」는 제9과 문형 3에서 학습했다.
- 예문 2)의 「～ましょうか。」는 여기에서 학습하는 「～ましょう。」의 질문형이다. 「～ましょうか。」에 대해서는 의미만 알면 되므로, 여기에서는 연습하지 않아도 좋다. 권유의 「～ませんか。」와의 차이는 제17과 연습 b에서 학습한다.

◪ 연습

b ・문형 6에서 학습한 표현을 사용하여 연습한다.

16 病院

병에 걸리거나 상처가 났을 때, 병원에서 자신의 증상을 설명할 수 있고, 의사와 간호사의 간단한 설명을 이해할 수 있다.

1. ひざを打ってたんです。
2. A : まだ痛いですか。
   B : いいえ、もう痛くありません。
3. もう少しかかるかもしれません。
4. おふろに入らないでください。
5. 治るまでおふろに入らないでください。
6. （1）寝る前に、はりかえてください。
   （2）ごはんを食べた後（で）、飲んでください。
7. わからないことはありませんか。

❶ 階段から落ちて、ひざを打ったんです。

❎ 장면

상처를 입은 アルン이 병원에 가서, 접수처에서 접수를 한다. 그리고 진찰실에서 의사에게 증상을 설명한다.

✳ 처음으로 병원에 갈 때에는, 반드시 보험증을 가지고 가서 접수처에 내고 접수를 한다는 것을 실제로 보험증을 보이면서 설명하면 좋다.

✳ 간호사와 의사 부분을 교사가 하고, 학습자에게 アルン 부분을 연습시키면 좋다.

❎ 어휘/표현

① 初めてなんですが…。
   자신의 상황을 상대에게 호소하는 것으로 대응을 재촉하는 표현이다. 이「～んです。」

는 창구 등에서 말을 걸 때의 표현으로 자주 쓰인다.

② では、そちらの待合室でお待ちください。

　방향을 나타내는 「そっち」의 정중한 표현이다.

③ では、そちらの待合室でお待ちください。

　「お〜ください。」의 형은 제21과 문형 4에서 학습한다. 여기에서는 상투어로서, 의미만 이해할 수 있으면 된다.

④ どうしたんですか。

　실제로는, 의사가 환자에 대해서 놀람이나 개인적인 관심을 품는 「どうしたんですか。」를 사용하는 것은 드문 일로서, 「どうしましたか。」「どうなさいましたか。」라는 표현이 쓰인다. 그러나, 여기에서는 「〜んです。」를 처음 학습하는 것에 따른 혼란을 피하고, 나중의 연습에서도 부드럽게 연결시키기 위해 일부러 이 표현을 썼다.

⑤ 階段から落ちて、ひざを打ったんです。

　でも、だんだん痛くなって、冷やしたんですが、まだ痛いんです。

　원인・이유를 나타내는 「て」로, 이 과에서 처음 나왔다. 여기에서는 무릎을 부딪힌 원인이 계단에서 떨어진 것, 냉찜질을 한 이유가 점점 아파왔기 때문이라는 것만 알면 된다. 원인・이유를 나타내는 「て」에 관해서는 제27과 문형 5와 제34과 문형 3에서 학습한다.

⑥ 少しはれていますね。

　증상을 나타내는 표현의 하나로서 학습한다. 「자동사＋ている」로 상태를 나타내는 표현은 제27과 문형 1에서 학습한다.

🗯 문형

1　**ひざを打ってたんです。**

- 회화체인 「〜んです。」를 학습한다.
- 「〜んです。」는 설명・이유・확인・강조 등, 말하는 사람의 심정이 담긴 표현이다.
- 「んです」의 유무에 의한 뉘앙스의 차이를, 예문 5)와 그 밑의 ※의 대비로 나타냈다.

　※의 「国へ帰りますか。」는 질문자가 「상대가 돌아가는지 돌아가지 않는지」라는 사실을 알기 위해 한 질문으로, 대답하는 측은 단순히 어느 쪽인지를 말하기만 하면 된다. 이에 비해 예문 5)의 「帰るんですか。」는 질문자가 상대의 상황에 관심을 갖고, 놀람이나 설명을 듣고 싶다는 심정을 담아 이야기한 것이다. 따라서 대답하는 측은 단순히 사실을 말하는 것뿐만 아니라 어떤 상황인지에 대해 설명할 것을 요구받고 있다.

- 여기에서는 예문 1)〜5)와 같이 놀란 상태에서 설명을 요구하거나, 이유를 묻거나 하는 표현과 그것에 대답하는 표현을 중심으로 학습한다.
- 「帰るんですか。」「いいえ、帰りません。」처럼, 질문자가 결심을 굳히는 듯한 경우에는, 「〜んです。」를 쓰지 않고 사실만을 전하는 것이 보통이며, 「〜んです。」를 사용하여 대답하면 부정에 무언가 심정이 담겨 있다고 이해되어, 억양에 따라서는 화내고 있는 듯이 들리므로 주의한다.

※ 先生：夏休みに国へ帰りますか。

　学生：はい、帰ります。

　先生：じゃ、その時、進路についてご両親と相談してください。

　상기 3번째의 「・」 참조

➡ 연습 a, 연습 b, 연습 c

2
A：まだ痛いですか。
B：いいえ、もう痛くありません。

・ 동작과 상태가 이어지고 있는지 어떤지를 묻는 표현과 대답하는 표현을 학습한다. 행위가 완료되었는지 어떤지를 묻는 표현과 대답하는 표현은 제11과 문형 10에서 학습했다.

➡ 연습 b

➡ 권말 「もう／まだ」 참조

⊠ 연습

a ・ 문형 1에서 학습한 표현을 사용하여 내과에서 증상을 말하는 연습을 한다.

b ・ 문형 1, 2에서 학습한 표현을 사용하여 외과에서 증상을 말하는 연습을 한다.

c ・ 문형 1에서 학습한 표현을 사용하여 연습을 한다.

❷ おふろに入らないでください。

⊠ 장면

본문 1과 이어지는 내용으로, 의사가 엑스레이 결과를 아룬에게 설명한 후, 약과 주의 사항에 대하여 이야기하고 있다.

⊠ 어휘/표현

① しっぷ薬をあげますから、毎日はりかえてください。
「あげる」「くれる」「もらう」에 대해서는 제24과와 제25과에서 학습한다. 여기에서는 의미만 이해할 수 있으면 된다.

② 4、5日で治ると思いますが、もう少しかかるかもしれません。
「1日か2日」「2、3日」「5、6日」「1週間ぐらい」 같은 표현도 있는데, 학습자에 따라 소개해도 좋다. 또, 연습 d 중에, 2, 3日를 실었다.

③ 4、5日で治ると思いますが、もう少しかかるかもしれません。
「10分で終わる」 등, 소요 시간을 나타내는 「で」이다.

④ 先生、シャワーもいけませんか。
의사를 향하여 직접 부를 때의 표현이다. 〔교재 p.232 「この人は？」 참조〕

⑤ 先生、シャワーもいけませんか。

제9과 문형 5에서 「遅れてはいけません。」과 같은 동사에 접속하는 형을 학습했다. 명사에 접속하는 형은 여기에서 처음 나온다. 여기에서는 「〜もいけませんか。」로 되어 있지만, 「〜はいけません。」의 예를 들어 소개한다.

⊠ 문형

3 | もう少しかかるかもしれません。

- 어떤 사항이 일어날 가능성이 있다는 것을 주관적으로 말하는 표현을 학습한다.
- 여기에서는 안 좋은 상황을 걱정하여 대비하는 상황을 설정해서 연습한다.
➡ 연습 d

4 | おふろに入らないでください。

- 금지를 나타내는 「〜ないでください。」를 학습한다.
- 마찬가지로 금지를 나타내는 「〜てはいけません。」은 제9과 문형 5의 규칙 설명 장면에서 학습했다. 「〜ないでください。」는 의사가 환자에게 말하거나, 교사가 학생에게 말하는 등 입장이 확실한 상태가 아니면 쓸 수 없다. 학습자가 이 문형을 부적절하게 사용하는 것을 막기 위해, 예문은 간판 등으로 설정했다.
➡ 연습 d

5 | 治るまでおふろに入らないでください。

- 「동사(기본체 현재)＋まで／までに」와, 「まで」와 「までに」의 차이를 학습한다. 「テストは9時10分から10時までです。」는 제1과 문형 3에서, 또 「10時までに帰ってきてください。」는 제9과 문형 6에서 학습했다.
- 「まで」 뒤에는, 그 시점까지 계속되는 동작이나 상태가 온다. 한편, 「までに」의 뒤에는 제한 시간 이전의 어딘가의 시점에서 일시적으로 행하여 완료된 동작이 온다.

※ 診察の受付は11時までです。11時までに来てください。(제9과 문형 6)

※ 学生 : すみません。テープレコーダーを借りてもいいですか。
先生 : いいですね。でも授業が始まるまでに返してください。
「まで」와 「までに」를 대비시키기 위하여 실은 것이다. 「동사＋までに」는 여기에서 처음 나온다.

➡ 연습 d

⊠ 연습

d - 문형 3, 4, 5에서 학습한 표현을 사용하여 연습한다.

❸ 寝る前に、はりかえてください。

▨ 장면

진찰이 끝난 アルン이 창구에서 간호사에게 약을 받고, 설명을 듣기도 하고 질문을 하기도
한다.

✳ 실제로 병원 진찰권과 약 봉투, 파스 등을 준비해서 보여주면 좋다.

▨ 어휘/표현

① えっ、「しょくご」ですか。
의미를 이해하지 못했을 때에 되묻는 표현의 하나이다.

② ええ、診察券だけでけっこうです。
「기입이 잘못된 것도 없고, 이것으로 됐습니다.」라는 의미의 「はい、けっこうです。」는
제7과 본문 2에서 이미 학습했다. 여기에서는 「진찰권만 필요하고, 다른 것은 필요없다.」
라는 의미로 쓰이고 있다.

③ おだいじに。
환자나 상처를 입은 사람에게 헤어질 때 하는 인사말이다.

▨ 문형

6
> （1）寝る<u>前に</u>、はりかえてください。
> （2）ごはんを食べた<u>後（で）</u>、飲んでください。

- 어떤 동작을 언제 행하는가를 지정하는 표현을 학습한다.
- 「までに」앞의 동사는 실제 동작의 시제와는 관계없이 항상 기본체 현재이다.
   예) 昨日寝る<u>前に</u>はりかえました。
  「後で」앞의 동사는 실제 동작의 시제와는 관계없이 항상 기본체 과거이다.
   예) 今夜ごはんを<u>食べた</u>後で飲んでください。
- 「前に」와 「後で」는 둘 다 후건의 동작을 언제 하는가를 전건에서 지정하기 때문에, 동
  작의 순서가 같도록 바꿔 넣어도 같은 의미의 문장이 되지는 않는다.
   예) ごはんを食べた後で薬を飲んでください。　　… 약을 먹는 시간 지정
   　　薬を飲む前にごはんを食べてください。　　… 밥을 먹는 시간 지정
- 제11과 문형 3에서 「～てから」를 학습했는데, 「ごはんを食べてから、薬を飲んでくだ
  さい。」처럼 「～てから」와 「～た後で」는 바꿔 넣어도 거의 차이가 없다.

7
> わからない<u>こと</u>はありませんか。

- 형식명사 「こと」를 학습한다.
- 「物」가 「물리적으로 눈에 보이기도 하고 만지기도 할 수 있는 「사물」을 나타내는 것
  에 비해, 「こと」는 이야기나 사건, 문제 등 「보거나 만질 수 없는 개념적인 사상」을 나

타낸다.

※ 医者：2、3日、消化の悪い<u>物</u>を食べないでください。
「物」와 「こと」의 차이를 이해시키기 위하여 실었다.

▶ **몸의 명칭, 병의 증상, 약의 종류, 병원에서 쓰는 단어** (p. 229~231)
 · 학습자의 생활상의 필요를 위해 소개한 것이다. 본문, 문형, 연습에서 학습한 단어는 굵
 은 글자로 되어 있다.

▶ **이 사람은?** (p. 232)
 · 일본어 호칭의 어려움을 생각하여 이 페이지를 마련했다.
 · 각각의 쓰임은 아래와 같다.
  (1) 직업명으로 객관적으로 나타냈다.　　　　　　… 医者
  (2) 그 직업에 종사하는 사람을 일반적으로 가리킨다. … お医者さん
  (3) 구체적으로 특정인을 가리키거나 직접 부른다. … 先生

17 天気予報

- 일기예보를 듣고 필요한 정보를 얻을 수 있다.
- 사람을 권유할 수 있다. 또, 권유에 응하거나 거절할 수 있다.

학습 문형

1. 沖縄、九州地方は雨でしょう。
2. A : いっしょに行きませんか。
   B : いいですね。
3. 新しい車を買ったんですが、ドライブに行きませんか。
4. A : 明日のお天気はどうでしょうか。
   B : たぶん晴れるだろうと思います。
5. 弟は野球を見に行くと言っていました。
6. 天気予報によると、明日は晴れときどき雲りだそうです。

본 문

❶ 沖縄、九州地方は雨でしょう。

▧ 장면

텔레비전 일기예보에서 전국의 날씨와 관동지방의 날씨, 기온을 전하고 있다.

○ 「晴れ」「雨」「晴れのちくもり」「最高気温〜度」 등 일기예보의 용어와 본문에 있는 일본 각지의 명칭을 확인하고 나서 본문 학습에 들어간다.

○ 이 본문은 필요한 포인트만을 취해서 듣는 연습으로 다룬다.

○ 지도 「日本の各地」는 본문 속의 각지의 명칭과 그 위치를 확인할 수 있도록 참고로 첨가했다.

✳ 학습자에게는 일본 각지의 날씨와 기온만 취해서 들을 수 있으면 된다고 지시를 주어, 세세한 표현에 얽매이지 말고 필요 사항만을 메모하는 연습을 하면 좋다. 본문 속의 일러스트에서 흐림, 비, 〜도 등의 마크나 숫자를 지운 프린트를 준비해서, 본문을 듣고 채워 넣게 하면 좋다.

① 九州地方は今日から梅雨に入りました。

「梅雨の季節が始まった」라는 의미임을 확인한다.

② では、明日6月4日の全国の天気です。

이 교재에서는 「明日」의 읽는 법을 「あした」로 통일하고 있지만, 여기에서는 일기예보 에서 쓰이는 표현으로서 「あす」를 취했다. 「あす」는 일상 생활에서 그다지 쓰이지 않으 므로, 듣고 의미만 알 수 있으면 된다.

③ 中国、四国、近畿、そして中部地方は午前中は晴れますが、午後からは雨でしょう。

明日も一日中暑いでしょう。

「中」는 「ちゅう」라고 읽는 것과 「じゅう」라고 읽는 것이 있으므로 주의해서 외우도록 지도한다.

☒ 문형

1 沖縄、九州地方は雨でしょう。

· 공적인 장면에서 장래의 예상을 말하는 표현을 학습한다.

· 상대의 예상을 묻는 표현 「～でしょうか。」와 개인적인 예상을 말하는 표현 「～だろ うと思います。」는 문형 4에서 학습한다.

· 상대에게 동의를 구하는 표현(「明るくていい部屋でしょう。」)은 제27과 연습 a에서 연습한다.

➡연습 a

☒ 연습

a · 문형 1에서 학습한 표현을 사용하여 연습한다.

· 도시명과 지명은 외울 필요는 없다.

❷ 明日のお天気はどうでしょうか。

☒ 장면

武가 良子에게 드라이브하러 가자고 권하고 있다.

○ 武와 良子 두 사람이 제6과에서 맞선을 본 것을 확인하고 나서 본문 학습에 들어간다.

○ 사람에게 권유할 때의 회화 중 하나로서 다루었다.

✽ 이 본문을 학습한 후에 연습 b 등도 참고로 하여, 친구에게 권하는 연습을 하면 좋다.

➡연습 b

🗶 어휘/표현

① わあ、いいですね。

　기쁨이나 놀람을 나타내는 표현이다. 표현법에 따라 남성이 사용하면 위화감을 주는 경우가 있으므로, 학습자가 너무 자주 사용하지 않도록 주의한다.

② それは残念ですね。

　자신이 권했으나, 상대에게 거절당했을 때에 말하는 표현이다. 하나의 굳어진 표현으로 외워두도록 지도한다.

🗶 문형

> **2**
> A : いっしょに行き<u>ませんか</u>。
> B : いいですね。

- 상대에게 권유하는 표현과 상대의 권유에 응하거나, 거절하는 표현을 학습한다.
- 상대의 권유에 응할 경우 「いいですね。」로 대답하도록 지도한다. 「いいですよ。」를 써도 되는 경우도 있지만, 표현법에 따라서는 상대에게 안 좋은 인상을 줄 수도 있으므로 주의한다.
- 상대의 권유를 거절할 경우에는 예문 2)와 같은 표현을 사용하도록 지도한다.

> **3**　新しい車を買った<u>んですが</u>、ドライブに行きませんか。

- 서두의 표현 「～んですが。」를 학습한다.

> **4**
> A : 明日のお天気はどう<u>でしょうか</u>。
> B : <u>たぶん</u>晴れる<u>だろうと思います</u>。

- 상대의 예상을 묻는 표현과 개인적인 예상을 말하는 표현을 학습한다.
- 이 교재에서는 과거의 사항을 추측하는 표현(「田中さんは2時間前にここを出たので、きっともう家に着いただろうと思います。」)은 다루지 않고 있다.

　※学　　生 : このアパートは安全でしょうか。

　　不動産屋 : ええ、安全です。

　부동산 주인의 부분은 확신을 가지고 말할 때의 표현으로서, 「～だろうと思います。」와 대비시키기 위하여 실었다.

➜ 연습 c

> **5**　弟は野球を見に行く<u>と言っていました</u>。

- 전문의 표현 「～と言っていました。」를 학습한다.
- 이 표현은 제삼자가 말한 것을 그대로 전하는 표현이다. 신문 등의 매체를 정보원으로 하는 경우에는 이 표현은 쓸 수 없다.

・「言う」를 사용한 전문 표현으로는 「〜と言った」「〜と言っている」「〜と言っていた」가 있는데, 여기에서는 사용 빈도가 높은 「〜と言っていた」에 한해서 학습한다.

・전문의 「〜そうです。」는 문형 6에서 학습한다.

➡ 연습 d

6 　天気予報によると、明日は晴れときどき曇りだ<u>そうです</u>。

・전문의 표현 「〜そうです。」를 학습한다.

・정보원이 있는 경우에는 특정 개인의 이야기를 전하는 경우와, 그 이외에 텔레비전, 신문 등 무언가의 매체로부터 얻은 정보의 내용을 전달하는 경우로 나누어서 학습한다. 또, 정보원을 나타내는 표현으로는 「〜によると」를 다루었지만, 이외에 「(人)の話では」라는 표현도 소개한다.

・상기의 예문 「天気予報によると、明日は晴れときどき曇りだそうです。」는 일기 예보에서 「晴れときどき曇りでしょう。」라고 말한 것을 「〜そうです。」를 사용하여 전하고 있다. 「〜そうです。」는 기본체에 접속하는데, 이 때 「(誤)晴れときどき曇りだろうそうです。」처럼 쓰지 않도록 주의한다.

・「〜そうです。」와 「〜と言っていました。」의 각각의 쓰임을 정리하면 다음과 같다. ④는 정보원이 명시되어 있지 않은 경우이다.

① 〔특정 개인〕は	〜と言っていました。
② 〔특정 개인〕の話しでは	〜そうです。
③ 〔신문 등의 매체〕によると	〜そうです。
④	〜そうです。

● 권말 「〜そう」 참조

✖ 연습

b ・본문 2에서 학습한 표현을 사용하여 연습한다.

・「〜ませんか。」와 「〜ましょうか。」의 차이를 확인하고 나서 연습한다. 「〜ましょうか。」는 「〜ませんか。」와 달리 자신의 권유에 상대가 동의하고 있는 것이 전제로 쓰인다.

・자신과 같은 행동을 취하도록 상대를 재촉하는 「〜ましょう。」는 제15과 문형 10에서 학습했다.

c ・문형 4에서 학습한 표현을 사용하여 연습한다.

d ・문형 5에서 학습한 표현을 사용하여 연습한다.

18 朝食と健康

학습 목표

- 변화의 표현을 사용하여 간단한 그래프의 설명을 할 수 있다.
- 문어체로 쓰여진 문장을 읽고 이해할 수 있다.

학습 문형

1. 朝ごはんを食べない<u>のは</u>体によくありません。
2. 最近、<u>朝ごはんを食べない人</u>が増えてきた。
3. 最近、朝ごはんを食べない人が<u>増えてきた</u>。
4. 夜中にお菓子などを食べ<u>ながら</u>テレビを見たり、音楽を聞いたりする。

본 문

❶ 朝、ちょっと食欲がないんです。

▣ 장면

佐藤가 회사에 지각을 했다. 점심 시간에, 걱정한 鈴木가 지각한 이유와 최근 얼굴색이 나쁜 이유를 듣고, 아침 식사에 대해 쓰여져 있는 잡지 기사를 佐藤에게 보여 준다.

ㅇ 본문 1은 본문 2(잡지 기사)의 도입부로서 자리잡고 있다.

✱ 본문에 들어가기에 앞서 항상 아침밥을 먹는지 어떤지 질문하고, 「食べない」라고 대답한 학습자에게 왜 밥을 먹지 않는지 이유를 묻고 화제를 도입하면 좋다.

▣ 어휘/표현

① 遅くなってすみません。
   지각을 해서 사과할 때 쓰는 표현이다. 제35과 연습 a에서 지각했을 때의 사과법을 학습한다. 여기에서는 하나의 굳어진 표현으로서 쓸 수 있도록 지도한다.
② <u>実は</u>、ゆうべ遅くまでパソコンを打っていたので、朝ねぼうをしたんです。
   말하기 어려운 것 등을 숨김없이 이야기할 때 쓰는 부사로서, 이 과에서 처음 나온다.
③ 実は、ゆうべ<u>遅く</u>までパソコンを打っていたので、朝ねぼうをしたんです。

「遅い時間まで」의 의미이다.「遅い」라는 형용사가「遅く」의 형태로 명사로서 쓰이는 것은 이 과에서 처음 나온다. 여기에서는 의미만 알면 된다.

④ <u>ほら</u>、この記事を見てください。
무언가를 가르키거나 나타내기 위해, 상대에게 주의를 촉구할 때의 표현이다.

⑤ <u>へえ</u>。
놀라거나 관심을 나타낼 때에 쓰는 표현이다.

▧ 문형

1　朝ごはんを食べ<u>ない**の**は</u>体によくありません。

- 제11과 문형 7에 이어서, 동사의 기본체 현재에 접속하여 명사화하는 형식명사「の」를 학습한다.
- 이 과에서 학습할 문형은 [V＋<u>の</u>＋<u>は</u>형용사です。]의 형으로 한정되어 있는 것이다. 본문과 예문에서 학습하는 형용사(体にいい／悪い、楽しい、気持ちがいい、大変) 이외에도, 지금까지 학습한 형용사(難しい、さびしい 등)를 사용하여 연습한다.
- ◗ 권말 형식명사「の」참조

2　最近、<u>朝ごはんを食べない人</u>が増えてきた。

- 제13과 문형 3에 이어 명사 수식을 학습한다.
- 이 과에서 학습하는 명사 수식은 아래와 같다.
  ① 문의 구조
  　명사 수식절이 주부에 오는 것
  　　「最近、<u>朝ごはんを食べない人</u>が増えてきた。」
  ② 명사에 접속하는 형
  　　「朝ごはんを<u>食べない人</u>」
  　　「まだ、辞書を<u>買っていない人</u>」
  　　「昨日、<u>欠席した人</u>」
  ③ 피수식 명사
  　　「人」에 준하는 것만
- ➡ 연습 a
- ◗ 문말「명사 수식」참조

3　最近、朝ごはんを食べない人が増え<u>てきた</u>。

- 현재를 축으로 하여 과거부터 현재까지 일어난 변화를 나타내는 표현「〜てきた」와 현재부터 미래를 향하여 예상되는 변화를 나타내는 표현「〜ていく」를 학습한다.
- 「〜てきた」「〜ていく」의 앞에는「増える」「減る」「慣れる」등 변화의 의미를 가진 동사

나 い형용사와 な형용사를 사용한 표현(「〜くなる」「〜になる」)이 온다.

・い형용사와 な형용사를 사용한 변화의 표현(「〜くなる」「〜になる」)은 제12과 문형 5
에서 학습했다.

・「〜てきた」와 「〜ていく」를 그림으로 나타내면 아래와 같다.

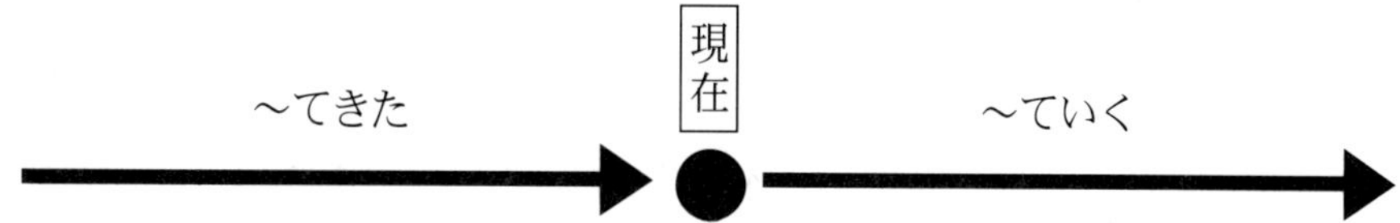

※ 日本では1975年ごろから子供の数が減ってきました。これからも減っていくだろうと思
います。
「〜てきた」와 「〜ていく」의 차이를 알기 쉽게 나타내기 위하여 그래프와 함께 실었다. 그
래프를 보며, 장래의 일을 예상해서 말할 때에는 「〜ていくだろうと思います。」를 사용하
도록 지도한다.

➡ 연습 a

❖ 연습

a ・문형 2, 3에서 학습한 표현을 사용하여 연습한다.

＊ 예)와 같이 한 문장이 길기 때문에, 처음에 「朝ごはんを食べない人が増えてきました。」의
부분을 충분히 연습한 후에, 「日本では1988ごろから朝ごはんを食べない人が増えてきま
した。」等 통해서 말하는 연습을 하면 좋다.

❷ 朝ごはんを食べない人が増えてきた。

❖ 장면

본문 1에서 鈴木가 佐藤에게 보여준 잡지 기사이다.

○ 어느 정도 정리된 문장으로 글말의 본문을 구성한 최초의 과이다. 이 본문은 잡지 기사라는
설정으로 제시했다.

＊ p.258의 그래프를 사용하여, 「朝食抜き」가 늘고 있는 것은 세계적인 경향이라는 것과 아침
을 먹지 않는 이유는 무엇인지 등을 확인하면서 도입하면 좋다.
그래프 내에는 각과 색인에서 다루고 있지 않은 신출어가 몇 개 정도 있으므로(習慣、ダイ
エット 등), 적절한 설명을 덧붙이면 좋다.

❖ 어휘/표현

① その中に「毎日朝ごはんを食べますか。」という質問がある。
질문의 내용을 나타내는 표현이다. 여기에서는 의미만 이해하면 된다.

② この質問に対して、「食べない。」と答えた人が十五パーセントいた。

「質問に対して～と答える」라는 정해진 형으로 학습한다.

③ 特に二十代の男性が多くて、食べない人が約四十パーセントもいた。

많다는 의미가 포함되어 있다. 「～しか～」는 제28과 문형 5에서 학습한다.

④ どうして朝ごはんを食べない若い人が多いのだろうか。それは、夜ふかしをする人が増えたからだ。

「どうして～のだろうか。」라고 읽는 사람에게 질문을 던지고, 다음 문장에 「それは～からだ。」라고 원인・이유를 말하는 전개로 되어 있다. 「～のだろうか。」는 이 과에서 처음 나온다. 여기에서는 의미만 이해하면 된다.

⑤ そのため、朝、食欲がなくなる。

원인・이유를 나타내는 「ため」는 이 과에서 처음 나온다. 여기에서는 아침에 식욕이 없는 원인은 한밤중에 과자 등을 먹으면서 텔레비전을 보거나, 음악을 듣거나 하는 것이라고 이해할 수 있으면 된다.

「安全なカップを作るために、社員が研究しています。」는 제33과 문형 5에서 학습한다.

⑥ 明日から朝ごはんをしっかり食べよう。

제15과 문형 10에서 학습한 「～ましょう。」의 기본체이다. 자세한 것은 제25과 문형 2에서 학습한다.

🗙 문형

4 夜中にお菓子などを食べながらテレビを見たり、音楽を聞いたりする。

・두 개의 동작이 병행해서 행해지는 것을 나타내는 표현 「～ながら」를 학습한다.

・뒤의 동작 「テレビを見る」쪽이 중심적인 동작으로, 「お菓子などを食べながら」는 그 부대상황을 나타낸다.

19과~36과

19 迷子

· 복장 상태에 대하여 간단하게 이야기할 수 있다.
· 자신의 부주의로 일어나 버린 일에 대해 설명과 사죄를 할 수 있다.
· 목적지에 가는 법을 설명할 수 있고, 설명을 듣고 목적지에 갈 수 있다.

1. 服装のことば
2. ちょっと見てみます。
3. 子供がいなくなってしまいました。
4. （１）試着している間、ここで待っていてください。
   （２）試着している間に、子供がいなくなってしまったんです。
5. この近くにいるはずです。
6. 赤いＴシャツを着ています。
7. Ａ：三越デパートを知っていますか。
   Ｂ：{ はい、知っています。
       いいえ、知りません。
8. ここをまっすぐ行くと、エスカレーターがございます。

❶ 子供がいなくなってしまったんです。

✕ 장면

백화점의 부인복 매장에서 엄마가 옷을 입어 보는 사이에 아이가 없어진다.

✕ 어휘/표현

① すみません、これの赤はありませんか。
　색을 표현하는 형용사는 이미 학습했지만, 명사는 처음 나온다.

い形容詞	名　詞
白い　青い　黒い	白　青　黒
黄色い　茶色い	黄色　茶(色)
	紺
～い＋名詞	～＋の＋名詞

② <u>少々お待ちください</u>。

　경어는 제30과에서 학습한다. 여기서는 듣고 의미만 알면 된다.

③ <u>お客様</u>、ありました。

　점원이 손님에 대해 부를 때 사용하는 단어이다. 「(誤)私はお客様です。」와 같이 사용하지 않도록 지도한다.

④ 試着室は<u>あちら</u>でございます。

　방향을 표시하는 방법 「そちら」는 제16과 본문 1에서 학습했다. 여기에서는 「あちら」、본문 3에서는 「こちら」를 학습한다.

⑤ 試着室はあちら<u>でございます</u>。

　경어는 제30과에서 학습한다. 여기에서는 듣고 의미만 알면 된다.

⑥ 伸ちゃん、お母さんが試着している間、ここで<u>待っていてね</u>。

　「待っていてくださいね」가 변형된 형태로, 가족과 친구 사이에서 그 장소에서 기다리도록 부탁할 때 사용하는 표현이다. 윗사람에 대해서는 사용하지 않는 것에 주의한다. 친한 친구와의 회화는 제25과에서 학습한다.

⑦ <u>うん</u>。

　⑥과 마찬가지로 가족과 친한 친구 사이에서 사용하는 표현으로, 윗사람에 대해서는 「はい」를 사용하도록 지도한다.

⑧ 伸ちゃん、<u>お待たせ</u>。

　상대를 기다리게 했을 때 사용하는 표현이다. ⑥과 마찬가지로 가족과 친한 친구 사이에서 사용하는 표현으로, 윗사람에게는 「お待たせしました。」를 사용하도록 지도한다.

⑨ <u>どうかなさいましたか</u>。

　경어는 제30과에서 학습한다. 여기에서는 「どうしたんですか。」와 같은 의미라는 것만 알면 된다.

⑩ 3歳ぐらいの男の<u>お子さん</u>ですか。

　자신의 아이에 대해서는 「私の子(供)」라고 말하는 것에 반해, 상대방의 아이에 대해서는 「～さんのお子さん」이라고 한다.

⑪ <u>ほんの</u>2、3分の間に、どこかへ行ってしまったんです。

　말하는 사람의 기준에 의해 매우 짧거나, 작거나, 적은 것 등이라 느꼈던 경우에 사용하는 표현이다. 여기에서는 의미만 알면 된다.

1　服装のことば

- 복장에 관한 명사와 동사를 학습한다.
- 이 과의 본문과 문형의 학습을 돕기 위하여, 여기에서는 「帽子をかぶる。」「スーツを着る。」와 같은 복장에 관한 명사와 동사의 조합을 익힌다. 「帽子をかぶっている。」「スーツを着ている。」같은 형은 문형 6에서 학습하므로, 여기서는 연습하지 않는다.

＊ 학습자에 따라 필요한 복장의 단어를 여기서 소개해 주는 것이 좋다.

➡연습 d

2　ちょっと見てみます。

- 무언가를 시도하는 의미를 나타내는 「～てみる」를 학습한다.
- 문형 1에서 학습했던 동사와 명사를 사용하여 예문 1)처럼 「～てみてもいいですか。」라고 묻는 연습을 한다.
- 예문 2)와 같은 용법에 관해서는 「聞く」「捜す」등의 동사를 중심으로 연습한다.

➡연습 a

3　子供がいなくなってしまいました。

- 의도하지 않았던 일이 발생하여, 그것을 설명하는 표현 「～てしまう」를 학습한다.
- 여기서의 용법은 자신의 부주의로 인해 일어났던 일을 설명하는 것으로, 후회하고 유감으로 생각되는 기분을 포함하고 있다.
- 예문 1)과 같은 상황을 설명하는 장면과 예문 2)와 같은 사죄하는 장면을 연습한다.
- 완료의 의미를 나타내는 「～てしまう」는 제35과 문형 6에서 학습한다.

➡연습 b, 연습 c

➡권말 「～てしまう」 참조

4　（1）試着している間、ここで待っていてください。
　　（2）試着している間に、子供がいなくなってしまったんです。

- 기간을 나타내는 「間」「間に」를 학습한다.
- 「間」는 기간 전체를 나타내고, 「間に」는 기간 내의 특정 시간을 나타낸다. 「間」는 주 문장에 「いる」「待っている」「買い物をしている」와 같이 계속성이 있는

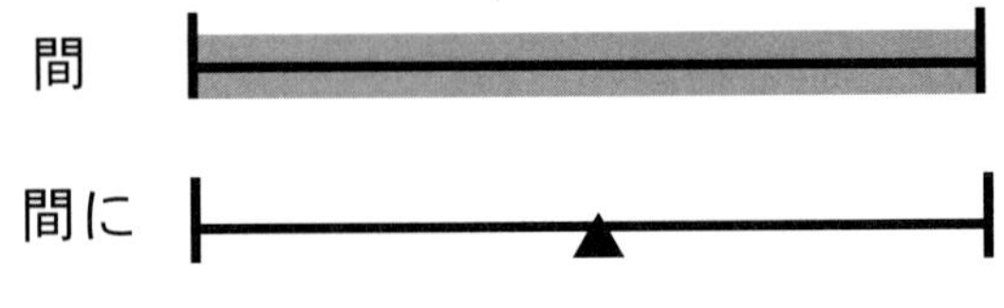

사항을 나타내는 동사나 명사, 형용사 등이 온다. 「間に」는 「子がいなくなる」「財布を落とす」와 같이 순간성을 가진 동사가 온다.

· 상기의 (1)은 옷을 입어 보려 하는 쪽이 「私(母)」이고, 기다리는 쪽이 「子供」이며, (2)도 마찬가지로 옷을 입어 보려 하는 쪽이 「私(母)」이고, 없어진 쪽이 「子供」이다. 이처럼 주문장과 종속절의 동작주가 다른 문장은, 각각의 동작주를 확인한다. 동작주를 문장에 명시하면, 예문 1)「僕はお母さんが買い物をしている間、ずっとおもちゃを見ていました。」처럼 종속절 내의 동작주는 「が」로 나타내진다. 또, 주문장의 동작주가 문두에 온 경우에는 예문 1)과 같이 「は」가 사용된다. 학습자가 「(誤)お母さんは買い物をしている間、ずっとおもちゃを見ていました。」같이 잘못 쓰지 않도록 주의한다. 이처럼 조사를 적절하게 쓰는지는 학습자가 「間」「間に」의 차이를 충분히 이해하고 나서 확인하는 게 좋다.

➡연습 c

5 この近くにいるはずです。

· 사실과 예정 등으로부터 추측하거나 예상하여 자신의 판단을 서술하는 표현을 학습한다.
· 이 표현은 다음과 같은 특성이 있다.
 (1) 발화자는 그 판단의 근거가 되는 구체적인 이유를 가지고 있다.
 (2) 그렇기 때문에 발화자는 판단에 상당한 확신을 가지고 있다.
 (3) 그러나 판단한 사건이 사실인지 아닌지는 정확히 확인되어 있지 않다.
예를 들어 예문 2)와 같이 「この辺にあるはずですね」라고 말한 경우, 「今ここで落とした」한 것이 「この辺にある」라는 판단의 근거가 되고 있다. 그러나 「コンタクトレンズかあるかどうか」는 아직 확인되지 않는다.
· 여기에서 문제된 「はず」 앞의 형은, 동사의 기본체 현재에 한정되어 있다. 이외에 과거형 「〜ている」등의 형, 품사로는 い형용사・な형용사・명사가 있는데, 이 교재에서는 다루지 않았다.

➡권말 「〜はず」 참조

✖ 연습

a · 문형 2에서 학습한 표현을 사용하여 연습한다.
· 부인복의 「〜号」, 구두의 「〜センチ」등 사이즈를 나타내는 단어를 확인시키고 나서 연습한다.

➡교재 권말 「助数詞表」 참조
b · 문형 3에서 학습한 표현을 사용하여 연습한다.
· 사죄 표현의 하나로서 연습한다.
c · 문형 3, 4에서 학습한 표현을 사용하여 연습한다.
· 예)의 회화의 경우, 손님의 「男の子」라는 단어를 점원이 「男のお子さん」이라고 말을 바꿨지만 1, 2에서는 이와 같이 말을 바꾼 것은 없다.

<h2 align="center">❷ どんな服を着ていますか。</h2>

◈ 장면

아이를 발견하지 못해서, 점원이 엄마에게 아이의 옷 입은 모습을 묻고, 백화점 내 방송을 한다.

○ 백화점 내의 방송 부분은 실제로 백화점에서 사용되고 있는 표현에 근접한 것으로, 어려운 표현이 많다. 대강의 의미만 파악할 수 있으면 된다.

◈ 어휘/표현

① 山崎伸ちゃん<u>という</u>３歳の男のお子さんが、迷子になりました。

「毎日朝ごはんを食べますか<u>という質問</u>」은 제18과 본문 2에서 학습했다. 여기에서의 용법은, 상대를 모르고 생각나는 이름 등을 붙여서 사용하는 표현이다. 연습 e에서 학습한다.

◈ 문형

> **6**　赤いＴシャツを<u>着</u>ています。

- 옷 입은 상태를 나타내는 「～ている」를 학습한다.
- 문형 1에서 학습한 동사와 명사를 사용하여 연습한다.
- 어떤 사람의 옷 상태에 관하여 서술하는 경우,「紺のスーツを<u>着</u>ていて、めがねをかけています。」가 아니라「紺のスーツを<u>着</u>て、めがねをかけています。」라고 말하도록 지도한다.
- ➡ 연습 d
- ➦ 권말「～ている」참조

◈ 연습

d　· 문형 1, 6에서 학습한 표현을 사용하여 연습한다.

· 「佐藤さんはスーツを着ています」와 같이 짧은 단문으로 연습한 후, 문형 6의 예문 1), 2)와 같은 문장으로 연습한다.

<h2 align="center">❸ まっすぐ行くと、エスカレーターがあります。</h2>

◈ 장면

아이가 모자 가게에서 발견되었다. 엄마는 점원에게 모자 가게로 가는 방법을 듣고 데리러 간다.

① <u>もしもし</u>、帽子売場の古谷ですが、迷子のお子さんをこちらで預かっています。
전화에서 사용하는 표현이다. 전화에서의 회화는 제25과 본문 1, 2, 제30과 본문 1에서 학습한다.

② <u>本当ですか</u>。
놀랐을 때에 사용하는 표현이다.

③ <u>ああ、よかった</u>。
걱정했던 일이 사라지거나, 안심했을 때 사용하는 표현이다. 상대에게 말하는 것이 아니라 자기 독백 같은 표현으로, 기본체를 쓴다.

④ 帽子売場を<u>ご存じですか</u>。
ここをまっすぐ行くと、エスカレーターが<u>ございます</u>。
경어는 제30과에서 학습한다. 여기에서는 의미만 알면 된다.

⊠ 문형

7

A : 三越デパートを<u>知っていますか</u>。

B : { <u>はい、知っています</u>。
<u>いいえ、知りません</u>。

· 동사 「知る」의 사용 방법을 학습한다.

➡ 연습 e

---

8   ここをまっすぐ行く<u>と</u>、エスカレーターがございます。

· 길을 설명할 때의 관용적인 용법 「〜と、〜」를 학습한다.
· 「まっすぐ行く」「右(左)に曲がる」「右側(左側)にある」「突き当たり」 등의 말을 도입하고 나서, 문형을 학습한다.
· 예문 2)와 같은 「まっすぐ行くと、左側にあります。」라는 문장 앞에 「ここを右に曲がる。」라는 문장이 추가되면 「ここを右に曲がって」로, て형을 사용해서 접속한다. 그 때문에 「(誤)ここを右に曲がって、まっすぐ行って、右側にあります。」와 같은 오용이 나오기 쉬우므로 주의한다.
· 예문 3)의 「どうも」는 윗사람에게 사용하는 것은 실례가 되므로 주의한다.

⬤ 권말 「〜と」 참조

⊠ 연습

e · 문형 7에서 학습한 표현을 사용하여 연습한다.
f · 문형 8에서 학습한 표현을 사용하여 연습한다.

　＊ 점원의 말투가 「エスカレーターがございます」라고 되어 있으므로, 「あります」로 바꾸는 연습을 해도 좋다.

20 もう進路を決めましたか。

· 의지 표현을 사용하여 장래의 계획을 이야기할 수 있다.
· 졸업 후의 진로에 대해 질문에 답하거나 설명할 수 있다..
· 유학생의 입시에 대해 기본적인 지식을 얻는다.

1. 経営学の勉強を<u>しよう</u>と思っています。
2. 東都大学を受け<u>るつもり</u>です。
3. いる<u>かどうか</u>わかりません。
4. いつある<u>か</u>わかりません。
5. 筆記試験を受け<u>なくてはいけません</u>。

❶ 経営学の勉強をしようと思っています。

▧ 장면

한국인 유학생 김 군이 졸업 후의 진로에 관하여 일본어학교 선생님과 면담하고 있다.
김 군은 일본의 대학으로의 진학을 희망하고 있다.

○ 「大学を受ける」「受験勉強」「面接」「小論文」 등, 진로에 관한 용어의 의미를 확인하고 나서 본
   문 학습에 들어간다.

▧ 어휘/표현

① キムさんは、卒業した後、何の勉強をするつもりですか。
   교사와 학생처럼 확실한 상하 관계에서는, 학생의 진로에 관한 것 등 교사가 알고자 하
   는 사항을 「つもり」를 사용하여 질문할 수 있지만, 보통 일상 생활에서는 그다지 사용
   하지 않는다. 사용할 수 있는 장면이 제한되어 있다는 점에 주의한다.

② ぜひ日本の大学に行きたいと思っています。

　여기에서는 「～たい」「～てください」와 연결해서 기억하도록 지도한다.

　　예 1) 夏休みにぜひ北海道へ行きたいです。

　　예 2) 今度ぜひ私のうちへ遊びに来てください。

③ ぜひ日本の大学に行きたいと思っています。

　이제까지 「に」와 「へ」는 장소를 나타내는 「へ」(銀行へ行く。제6과 문형 2), 가는 목적을 나타내는 「に」(コンサートに行く。제11과 문형 6)로 구별해서 학습해 왔다. 여기에서는 단순히 대학이 있는 장소에 가는 것이 아니라, 진학하는 것을 나타내기 때문에 「～に行く」로 했다.

④ どこを受けるんですか。

　여기에서는 장소를 묻는 것이 아니라, 학교의 이름을 묻고 있다는 것을 확인한다.

⑤ 受験勉強は進んでいますか。

　현재 진행 상황을 묻는 표현이다.

⑥ これから授業で面接や小論文の書き方の練習をしますから、がんばってください。

　「授業の時に」라는 의미이다. 몇 가지 예를 들어 연습한다.

　　예 1)　来週修業で日本の映画を見ます。

　　예 2)　仕事でコンピューターを使います。

⑦ これから授業で面接や小論文の書き方の練習をしますから、がんばってください。

　상대를 배려하고 격려하는 표현이다. 윗사람에게 사용하면 실례가 되므로, 윗사람에게는 쓰지 않도록 지도한다.

文型

1　経営学の勉強をしようと思っています。

- 의지형을 학습한다.
- 의지형을 사용한 표현으로는 「意志形＋と思っている」와 「意志形＋と思う」의 두 가지가 있지만, 이 교재에서는 사용 빈도가 높은 「意志形＋と思っている」로 통일시켰다.
- 상대의 의지를 묻는 경우, 이 과 본문의 교사와 학생처럼 상하 관계가 확실한 상태에서 윗사람(교사)이 사용하는 것 이외에 의지형을 사용하여 질문하는 것은 자세히 보면 실례가 되는 인상을 줄 수 있으므로, 학습자가 의지형을 사용해서 질문하지 않도록 지도한다.
- 부정 의지를 나타내는 표현 「～ないつもり」는 문형 2에서 학습한다.

➡연습 a, 연습 b, 연습 d

➡권말 「意志形」 참조

2　東都大学を受けるつもりです。

- 자신의 의지를 나타내는 표현 「～つもり」를 학습한다.

- ・「〜つもり」는「勉強するつもり」「勉強しないつもり」와 같이, 긍정 의지와 부정 의지를 표현할 수 있다.
- ・「勉強するつもりです。」라는 긍정 의지를 나타내는「勉強しようと思っています。」(문형 1)와 같은 의미로서 다루었다.
- ・문형 1과 마찬가지로 상대의 의지를 묻는 경우, 상하 관계가 확실한 상태에서 윗사람이 사용하는 것 이외에는「つもり」를 사용하여 질문하는 것이 자세히 보면 실례되는 인상을 줄 수 있으므로 학습자가「つもり」를 사용하여 질문을 하지 않도록 지도한다. 〔본문 11 참조〕
- ・실제로는 그렇지 않지만 그런 기분이 드는 것을 나타내는 용법(「旅行したつもりで貯金する。」)은 이 교재에서는 다루지 않는다.
- ➡연습 a
- ➲권말「〜つもり」참조

✖ 연습

a ・문형 1, 2에서 학습한 표현을 사용하여 연습한다.

❷ 留学生がいるかどうかわかりません。

✖ 장면

대만에서 온 유학생 コウ가 일본어 학교 선생님과 졸업 후의 진로에 대하여 면담하고 있다. コウ는 관광 전문 학교에 진학하기를 희망하고 있다.

○「試験」「募集要項」등 진로 관련 어휘를 확인한 후 본문 학습에 들어간다.

✖ 어휘/표현

① その学校には留学生がいますか。
문맥 지시의「その」는 제28과 문형 6에서 학습한다. 여기에서는「その学校」가 나타내는 내용을 이해할 수 있으면 된다.
② 来週、父が日本へ来る予定ですから、いっしょに見に行こうと思っています。
「つもり」「意志形」가 개인의 의지를 나타내는 것에 반해,「予定」는 개인의 의지를 넘어서, 이미 결정된 사항에 사용된다.
③ じゃ、その時、募集要項をもらって来てください。
「もらう」는 제24과 문형 4에서 학습한다. 여기에서는 コウ가 모집 요강을 입수하려는 내용을 확인할 수 있으면 된다.

> **3** いる<u>かどうか</u>わかりません。

- 「するかしないか」「あるかないか」등 확실하지 않은 사항을 나타내는 「〜かどうか〜」
  를 학습한다.
- 문형 4와 구별해서 쓰는 데 중점을 두어, 「〜かどうかわかりません。」의 형태가 정착
  되고 나서 예문 3), 4)와 같은 용법을 연습한다.
- ➡ 연습 c

> **4** いつ<u>ある</u>かわかりません。

- 「いつあるか」「いつしたか」등 확실하지 않은 것을 의문사를 사용하여 나타내는 「疑
  問詞〜か〜。」를 학습한다.
- 문형 3과 구별해서 쓰는 데 중점을 두어, 「〜かわかりません。」이 정착되고 나서 예문
  4)와 같은 용법을 학습한다.

🔷 연습

b · 문형 1에서 학습한 표현을 사용하여 연습한다.
  · 예정을 묻는 표현 「どうしますか」(본문 2)에도 주목시킨다.
c · 문형 3, 4에서 학습한 표현을 사용하여 연습한다.

❸ 筆記試験も受けなくてはいけません。

🔷 장면

홍콩에서 온 유학생 ワン이 일본어 학교 선생님과 졸업 후의 진로에 관하여 면담하고 있다.
ワン은 일본 미술 대학으로의 진학을 희망한다.

O 「私立大学」「実技試験」「筆記試験」등 진로에 관한 용어의 의미를 확인하고 나서 본문 학습에
  들어간다.

✳ 본문 1, 2, 3을 학습한 후에 실제로 학습자의 진로에 대하여 질문하면 좋다.

🔷 어휘/표현

① 私立大学を2、3校受験するつもりです。
  회, 년 등 학습자에게 있어 쓰임이 익숙한 조수사를 사용하여 「1、2回」「3、4年」등을 소
  개하는 것도 좋다.
② 本当に毎日行きたいんですが、日本語の勉強も大変なので、週3回行こうと思っています。
  「たい」는 개인의 바램을 표현하고, 실행 불가능한 것이나 가능성이 낮은 것도 표현할 수
  있는 것에 반해, 「意志形＋思っている」는 실행할 의지가 있고, 실현 가능성이 높은 것이

조건이 된다.

③ 本当に毎日行きたいんすが、日本語の勉強も大変なので、<u>週3回</u>行こうと思っています。
이 외에도 「月1回」 「年2回」 「1日3回」 등을 소개한다.

⊠ 문형

> **5** 　<u>筆記試験を受け</u>なくてはいけません。

- 무언가를 할 필요나 의무가 있는 것을 나타내는 「～なくてはいけない」를 학습한다.
- 「～なくてはいけない」와 「～てはいけない」의 차이에 관하여 주의깊게 지도한다. 〔제 21과 참조〕
- 예문 3)처럼 이 문형을 이용해서 질문할 경우, 억양에 의해 다그치는 것 같은 뉘앙스를 포함할 때가 있다. 또, 이 문형을 사용한 질문을 너무 많이 쓰면 상대에 대해 뭔가 불만이 있는 것 같은 인상을 줄 수도 있으므로, 학습자에게 너무 많이 사용하지 않도록 지도한다.
- 「～てもいい」는 제9과 문형 4에서 학습했지만, 예문 3)의 「名詞＋でもいい」의 형태는 여기에서 처음 나온다.

＊ 「～なくてもいい」는 제21과 문형 3에서 학습했지만, 필요하면 여기서 소개하는 것도 좋다.

※ 学校を退学する時は学生証を学校に返さなければなりません。
　「なければならない」는 「なくてはいけない」와 거의 같은 뜻이지만, 개인의 행위가 아닌 규칙이나 룰 등을 나타낼 때에 쓰이는 경우가 많다. 그러나, 여기에서는 그 차이를 설명할 필요는 없고, 같은 의미의 표현으로써 소개한다.

➦연습 e

⊠ 연습

d
- 문형 1에서 학습한 표현을 사용하여 연습한다.
- 「意志形＋と思っている」(문형 1)과 「～たい」(제11과 문형 9)의 차이를 확인시킨 다음 연습한다. 〔본문 3 ② 참조〕

e
- 문형 5에서 학습한 표현을 사용하여 연습한다.
- 상대의 권유를 거절하는 장면의 하나로써 연습한다.

21 訪問

- 일본에서 다른 사람의 집을 방문할 때의 예절을 안다.
- 방문할 때 자주 사용되는 표현을 쓸 수 있다.

1. 電話をしないで訪問してはいけません。
2. 花や生鮮食品は、玄関で渡したほうがいいです。
3. 嫌いなものは無理に食べなくてもいいです。
4. ちょっとお待ちください。
5. これは母が作ったお菓子です。

❶ 訪問のマナー

✪ 장면

다른 사람의 집을 방문할 때의 매너에 관해 써 있는 잡지 기사이다.

○ 방문할 때 자주 쓰이는 표현은 동작과 함께 연습하고 익혀서 올바로 사용할 수 있도록 한다.

✻ 다른 사람의 집을 방문할 때, 우리 나라에서는 어떠한 습관이 있는지, 일본인의 집을 방문한 적이 있는지 등에 대하여 질문하고 화제를 도입하면 좋다.

✪ 어휘/표현

① あらかじめ電話で日時を約束します。
  그 장소에 가기 전에 무언가를 행한다는 의미의 부사이다.
② 勝手にドアや戸を開けてはいけません。
  상대나 주위의 허락을 받지 않고 자신의 생각만으로 무언가를 행한다는 의미의 부사이다.
③ 玄関の戸を閉めないで上がってはいけません。
  「上がる」와「入る」의 차이에 주의한다.「上がる」는 신발을 벗고 한단 높은 곳으로 이동

하는 경우에 사용한다. 제21과 문형 4 예문 1), 2)의 그림을 사용하여 차이를 설명한다.

④ 「どうぞお使いください。」
「お口に合わないもしれませんが、召し上がってください。」
간단한 선물 등을 건넬 때 쓰는 관용 표현이다. 여기에서는 인사치레의 문구로 이해하여 말할 수 있도록 한다.
이 밖에도 「つまらないものですが、どうぞ。」등도 소개하면 좋다.

⑤ 「どうぞお使いください。」とか、「お口に合わないかもしれませんが、召し上がってください。」などと言います。
이 표현은 예를 드는 표현으로써 이해하면 좋다.

⑥ 「先日はどうもありがとうございました。」
「先日」「先週」 등이, 이야기하고 있는 시점의 바로 앞의 달, 주를 나타내는 것에 반해, 「先日」는 「この間」처럼, 주관적으로 「しばらく前」라고 받아들여진 때를 나타낸다. 또 「前日」는 「テストの前日」와 같이 어느 특정일의 하루 전을 나타낸다. 여기에서 소개하고 의미를 확인한다.

▨ 문형

1 　電話を<u>しないで</u>訪問して<u>はいけません</u>。

· 「砂糖を入れないでコービーを飲んだ。」와 같이 뒷부분의 동작의 부대 상황을 앞부분이 나타내는 용법을 학습한다.
· 「〜しないで〜する」에는 「今朝コーヒーを飲まないでジュースを飲んだ。」와 같이, 앞부분과 뒷부분을 대립시켜 서술한 용법도 있지만, 이 교과서에서는 다루지 않았다.
＊「〜て」와 비교해서, 「砂糖を入れてコーヒーを飲みますか、入れないで飲みますか。」「あなたの国では靴を脱いでうちに入りますか、脱がないで入りますか。」와 같이 어느 쪽인가를 선택하는 상황을 만들면 이해하기 쉽다.

2 　花や生鮮食品は、玄関で<u>渡したほうがいいです</u>。

· 충고의 표현 「〜たほうがいいです。」를 학습한다.
· 「〜たほうがいいてす。」는 강제적이지 않은, 당사자에게 판단을 맡기는 어법이지만, 그 사항에 관하여 잘 알고 있는 사람이 모르는 사람에게 말해 주는 것 같은 뉘앙스가 있으므로 윗사람에게 사용하면 실례가 된다. 예를 들어 학생이 교사에게 「黒板に書いたほうがいいです。」라고 말하는 것은 부적절하다.
다만, 윗사람이 충고를 구하는 경우, 예를 들어 다른 나라로 여행을 가는 교사에게 학습자가 충고를 할 때 「セーターを持って行ったほうがいいてすよ。」와 같이 말할 수는 있다.
· 「渡したほうがいい」 외에 「渡すほうがいい」라는 형도 있지만, 이것은 충고라기 보다는 비교에 가깝기 때문에, 이 교재에서는 「〜たほうがいい」를 다루었다. 다만, 부정형

의 경우에는 예문 3)과 같이 「～ないほうがいい」가 된다.
- 회화 연습를 할 때는, 예문 1)～3)과 같이 「よ」를 붙여서 연습한다.

＊ 학습자에 따라 「名詞＋のほうがいい」도 소개하면 좋다.
　　예) A : 明日は入学式なんですが、スーツのほうがいいでしょうか。
　　　　 B : ええ、そのほうがいいと思いますよ。

➜ 연습 a

3 　嫌いなものは無理に食べなくてもいいです。

- 무언가를 무리해야 할 필요는 없다는 의미를 나타내는 「～なくてもいい」를 학습한다. 무언가를 할 필요나 의무가 있음을 나타내는 「～なくてはいけない」는 제20과 문형 5에서 학습했다.
- 「嫌いなものは無理に食べなくてもいいですか。」와 같이 「～なくてもいい」를 질문문에 사용하면, 상대에게 안 좋은 인상을 줄 수 있으므로, 교과서에 있는 것 같은 형을 사용하여 질문하도록 지도한다.
- 예문 4) 「水曜日までに札幌に送りたいんですが、」는 수요일까지 도착하도록 보내고 싶다는 의미라는 것을 확인한다.

➜ 연습 a

연습

a · 문형 2, 3에서 학습한 표현을 사용하여 연습한다.

❷ どうぞお上がりください。

장면

良子가 선물을 가지고 은사의 집에 방문한다.

○良子 부분의 말과 동작을 익혀서 올바르게 사용할 수 있도록 한다.

어휘/표현

① はい、どちらさまですか。
「誰ですか。」의 정중한 표현이다. 「誰ですか」는 직접 상대를 향해 말하면 상당히 실례가 된다.

② いらっしゃい。
여기에서의 「いらっしゃい」는 개인적인 손님을 맞이할 때 쓰는 표현이다. 윗사람에게 쓰면 실례가 되므로 주의한다. 「いらっしゃいませ。」는 가게 사람이 손님에게 쓰는 인사말이다.

③ <u>やあ、いらっしゃい。</u>

가벼운 인사말로, 남성이 사용하는 표현이다.

④ 先生、<u>お久しぶりです。</u>

오랫동안 만나지 않았던 사람에게 하는 인사이다. 본문을 학습한 후, 역할 연습 등을 할 때에는, 상황에 맞게「こんにちは。」등으로 대신한다.

⑤ <u>さあ、どうぞ。</u>

상대를 재촉하거나 권유할 때 쓰는 표현이다.

⑥ <u>おじゃまします。</u>

「おじゃまします。」와 거의 같은 의미로「失礼します。」가 있지만, 전자 쪽이 보다 개인적으로 친근한 느낌을 준다.

⑦ <u>まあ、すみません。</u>

여성이 가벼운 놀람을 표현할 때 사용하는 표현이다.

⑧ <u>どうぞそちらへ。</u>

「お座りください」가 생략되어 있다.

⑨ あのう、今日はそろそろ<u>失礼します。</u>

손님이 돌아갈 것을 상대에게 전하는 표현이다.

⑩ <u>もう少しゆっくりしていってください。</u>

손님을 만류할 때 쓰는 정해진 문구이다. 「いって」는 어디 다른 곳에 간다라는 의미가 아니므로, 학습자가 잘못 이해하지 않도록 주의한다.

⑪ <u>ありがとうございます。でも…</u>

만류를 거절할 때 쓰는 표현이다. 일본어에는「でも、もう私は帰らなくてはいけません。」같이 확실히 말하지 않는 것을 이해시킨다.

⑫ <u>またいつでもいらっしゃってください。</u>

방문객에게 헤어질 때 하는 인사이다.

⑬ <u>おうちのみなさんにもよろしくお伝えください。</u>

良子가 가족과 살고 있고, 화자와도 다소 접점이 있다는 전제가 없으면 쓸 수 없는 표현이다. 본문을 학습한 후, 역할 연습 등을 할 때에는 상황에 맞게「元気でがんばってください。」등으로 대신해도 좋다.

⑭　　良子 ： <u>じゃ、失礼します。</u>

　　奥さん ： <u>お気をつけて。</u>

「さようなら。」는 보통 어른들 사이에서는 그다지 사용하지 않는다.

✖ 문형

4　　**ちょっとお待ちください。**

・제9과 문형 2에서 학습한「～てください。」보다 정중한 표현「お～ください」를 학습한다. 또 경어에 대해서는 제30과에서 학습한다.

※ どうぞ召し上がってください。

「召し上がる」는 이미 「食べる」「飲む」의 경어이기 때문에, 이중 경어가 되지 않도록
「お召し上がりください。」가 아닌 이 형태로 나타냈다.

5   これは母が作ったお菓子です。

· 제13과, 제18과에 이어 명사 수식을 학습한다.
· 이 과에서 학습할 명사 수식은 다음과 같다.

  ① 문형구조
    — 명사 수식절이 술부에 오는 것
      「これは母が作ったお菓子です。」
    — 명사 수식절이 주부에 오는 것
      「私が明日訪問するお宅は、三鷹駅のそばです。」
    — 그 외
      「ファッションの専門学校の文化祭で、学生が作った服を買いました。」
      「どこでお茶を飲みましょうか。」「先週行ったお店へ行きませんか。」

  ② 명사에 접속하는 형태
      「母が作ったお菓子」
      「私たちが泊まるホテル」 (미래)
      「私が今勉強している学校」

  ③ 피수식명사
    — 모든 것

· 여기에서 다룬 예문에 대해 정리하면 아래와 같다.

	명사에 접속하는 형태	피수식어와 수식동사의 관계	문장 구조
예문 1)	私がかいた絵	私が絵をかいた	述部
예문 2)	私たちが泊まるホテル (미래)	私たちがホテルに泊まる	述部
예문 3)	私が勉強している学校	私が学校で勉強している	述部
	私が行った博物館	私が博物館へ行った	述部
예문 4)	マリーさんが作ったサラダ	マリーさんがサラダを作った	主部
예문 5)	私が訪問するお宅 (미래)	私がお宅を訪問する	主部
예문 6)	学生が作った服	学生が服を作った	主文のヲ格
예문 7)	私たちが行ったお店	私たちがお店へ行った	主文のヘ格

- 피수식어와 수식동사의 관계는 교사가 정리해서 알아 둘 필요가 있는 것도, 학습자에게 필요 이상의 정보가 되는 것도 있다. 특히 원래 문장에서 명사수식절로 어순을 바꾸는 연습(「母がお菓子を作った」→「母が作ったお菓子」 등)은 연습 목적이 학습자로서는 이해하기 어렵고, 모국어의 어순이 일본어와 전혀 다른 학습자에게 혼란을 줄 수도 있다. 그것보다도 오히려 「お菓子」라는 피수식어에, 「おかしいお菓子」「日本のお菓子」와 같이 정보가 부가되어 가는 것처럼 「母が作った」라는 정보가 부가된다는 것을 이해시킨다.
- 명사 수식절 안에서는 조사 「は」를 쓰지 않고 「が」를 취한다. 또 「の」를 쓸 수도 있는데, 「私がハワイで食べたパイナップルは安くておいしかったです。」와 같이 「私」와 「食べた」 사이에 다른 언어가 들어가면 「? 私のハワイで食べたパイナップル」처럼 부자연스러워지기 때문에, 이 교재에서는 다루지 않았다.

❍ 권말 「명사 수식」 참조

▶ **참고** (p. 52)
- 여기에서 다룬 4개의 표현은 학습자에게 있어서는 혼동하기 쉬운 것이다. 4개의 표현의 차이를 정리할 수 있도록 이 페이지를 만들었다.

· 가능형을 사용하여, 능력이나 상황에 관하여 설명하거나 물을 수 있다.
· 어떤 사항에 대하여 자신의 경험 유무를 이야기할 수 있다.

1. ピアノが 弾けます。
2. A：結婚式場で仕事をしたことがありますか。
   B：{ はい、あります。
       いいえ、ありません。
3. ピアノなら弾けます。
4. 練習すれば、弾けます。
5. A：1週間にどのぐらい来られますか。
   B：3日ぐらいです。
6. アルバイトの方も使うことができます。
   ここでたばこを吸うことはできません。

❶ アルバイト 募集

▨ 장면

아르바이트 전문 구인 잡지 기사이다.

＊ 「私は日本語が話せます。」「あなたは英語が話せますか。」와 같이, 자신이나 상대방의 능력을 직접적으로 말하거나 묻는 것은 드물고, 또 그러한 표현은 실례가 되는 경향이 있다. 그래서 여기에서는 가능형이 자연스럽게 쓰이는 장면으로 아르바이트를 찾고 있는 학생이 구인 잡지를 보거나, 전화로 문의를 하는 등의 설정으로 본문을 구성했다. 우선, 아르바이트 모집 잡지나 신문 광고 등을 보여 주며, 시급, 일당 등 필요한 어구나 일본의 아르바이트 사정 등을 간단하게 소개하고 도입하면 좋다.

❎ 어휘/표현

① 2時間で2,500円

단위가 되는 시간이나 기간 등을 나타내는 조사 「で」는 처음 나온다.

② 中国人で日本語が話せる方

이 「で」는, 한 사람이나 하나의 사항에 관하여 「A이고 게다가 B」라는 의미로 여기에서 처음 나온다.

③ 週3日以上できる方

〈주3회〉라는 단어는 제20과 본문 3에서 학습했다. 문형 5에서 「1週間に3日」를 학습한다.

④ 土、日に来られる方

그 밖에 「月、水、金」 등의 단어도 소개한다.

❎ 문형

1 ピアノが弾けます。

- 가능형을 학습한다.
- 가능형은 능력과 특기에 관하여 서술하거나(「中国語が話せます。」), 어떤 상태나 조건에 관해 서술할 때(「図書館で新聞が読めます。」) 사용되지만, 여기서는 능력의 의미를 중심으로 학습한다.
- 표 2,3의 가능형은 최근 「食べれる」「起きれる」「来れる」등이 많이 쓰이는 경향이 있지만, 이 교재에서는 기본형인 「食べられる」「起きられる」「来られる」로 통일했다.
- 가능형을 사용할 경우, 동사 「を」는 「が」가 되지만, 부정형의 경우는 「中国語は話せません。」의 형을 사용하도록 지도한다. 여기에서는 「が→は」 외에, 예문 5)「自転車には乗れません。」을 출제했다. 〔제6과 문형 6 참조〕
- 예문 4)「車の運転ができますか。／車が運転できますか。」는 「車の運転をする／車を運転する。」가 가능형이 된 것이다. 〔제11과 문형 4 참조〕

※ A：コンタクトレンズをするのは初めてなんですが、だいじょうぶでしょうか。

　　B：だいじょうぶですよ。すぐ慣れますから。

※ よく日本語を使う人は早く上手になります。(제12과 문형 5)

가능형이 될 수 없는 동사의 예이다. 「わかる」「知る」「間に合う」「治る」「慣れる」「増える」「減る」「上手になる」등 원래 가능의 의미를 포함하고 있는 단어나 물건의 변화를 나타내는 단어는, 가능형이 될 수 없으므로 주의한다.

➡ 연습 a

❷ 結婚式場でアルバイトをしたことがありますか。

◈ 장면

京子が 구인 광고를 보면서 전화로 자세한 내용을 묻고 있다.

◈ 어휘/표현

① <u>失礼ですが</u>、学生さんですか。

ええと、<u>失礼ですが</u>、お名前は？

개인적인 것과 약간 묻기 곤란한 것을 물을 때 잘 쓰는 표현이다.

② エレクトーン<u>は</u>弾けますか。

전자 오르간을 화제로 꺼냈기 때문에「が」가「は」로 변한 것이다.

③ では来週の土曜日の2時から面接を<u>します</u>ので、来てください。

「基本体＋ので」의 형은 제14과 문형 2에서 학습했다. 여기에서는 업무상의 회화이므로, 보다 정중한「ます形＋ので」를 사용하고 있다.

④ 小野京子<u>と申します</u>。

이름을 말할 때 관용 표현으로써 사용할 수 있도록 연습한다. 그리고 경어는 제30과에서 학습한다.

⑤ では、2時に<u>お待ちしています</u>。

「待つ」의 겸양어「お待ちする」는 여기에서 처음 나온다. 여기에서는「待っています。」의 정중한 표현으로 이해하면 된다. 경어는 제30과에서 학습한다.

◈ 문형

2

> A：結婚式場で仕事を<u>したことがあります</u>か。
> B：はい、あります。
> 　いいえ、ありません。

- 경험의 유무에 대하여 말하는 표현을 학습한다.
- 단순한 과거형과의 차이는

　예 1)　　　朝ごはんを食べましたか。

　　　（誤）朝ごはんを食べたことがありますか。

　예 2) A1：ピアノを<u>習ったことがあります</u>か。（경험의 유무를 묻는다.）

　　　 B1：はい、あります。

　　　 A2：いつ<u>習いました</u>か。　　（경험이 있는 것을 전제로 해서 질문한다.）

　　　 B2：小さい時、習いました。

　와 같은 예를 제시하면 이해하기 쉽다.

- 「～ことがありますか。」에 대한 대답은 보통「あります。」「ありません。」이 되지만, 위의 예 2)의 B1, A2의 발화에 생략되어 예문 2)처럼 되는 경우도 있다.

· 질문에 대답하는 경우, 부정형은 조사가 「は」로 된다.

　　예) A：北海道へ行ったことがありますか。

　　　　B：いいえ、(行ったことは)ありません。

그러나, 예문 3)처럼 질문문에 대한 대답이 아닌 경우에는 부정형이어도 「が」,「は」
둘 다 쓸 수 있다. 여기서는 일반적으로 많이 쓰이는 「が」의 형을 실었다.

· 학습자는 「(誤)～したことがありました。」와 같이 실수하기 쉬우므로 주의한다.

✳ UFO나 유령 그림 등 그다지 일반적이지 않은 것을 보여 주며 「見たことがありますか。」
등으로 질문하고 도입하면 좋다.

➡ 연습 a
⊙ 권말 「～ことがある」 참조

3　　ピアノなら弾けます。

· 명사에 접속하여, 특별한 의미를 가지는 「なら」를 학습한다.
· 「なら」에는 상대방이 말한 것을 받아들여, (상대가 말했던 것을 조건으로 해서) 의
　뢰·요구, 충고, 의지 등, 자신의 의견, 판단 등을 서술하는 용법이 있는데, 여기에서
　학습하는 「なら」의 특징은 다음과 같다.

　　1. A：今度の土曜日、映画を見に行きませんか。

　　　　B：｛ 土曜日はちょっと…。日曜日なら行けるんですが…。
　　　　　　 日曜日なら行けるんですが、土曜日はちょっと…。

　　상대의 「土曜日」라는 제안에 대하여, 「土曜日」는 안 되지만 「日曜日」라면 괜찮다
　　는 대안을 낸다.　… 예문 1), 2)

　　2. A：日本語が読めますか。

　　　　B：ひらがなとカタカナなら読みます。

　　상대의 「日本語」라는 질문에 대해서, 당신의 질문 의도(「日本語」)와 맞는지 아닌
　　지는 모르지만, 「日本語」 중의 일부면 읽을 수 있다라고 대답했다.　… 예문 3)
· 「安く確実に行くならモノレールに乗るといいです。」와 같이 동사의 현재형에 접속하
　여 조건을 나타내는 용법은 제31과 문형 1에서 학습한다.
⊙ 권말 「～なら」 참조

4　　練習すれば、弾けます。

· 조건을 나타내는 「～ば」를 학습한다.
· 「行けば」「行ける」와 같이 「ば」에 접속하는 형이 가능형과 비슷하기 때문에 가능의
　의미가 있다고 생각하는 학습자가 있다는 것에 주의한다.
· 조건을 나타내는 「～ば」의 용법은 다음의 두 가지로 크게 분류할 수 있다.

　　1. 앞부분이 성립하면 반드시 뒷부분도 성립된다.

　　　예 1)　春が来れば花が咲く。

例 2)　2から2をひけば0になる。

例 3)　（普通誰でも）練習すれば上手になる。

2. 어떤 사항을 가정하여, 그것을 전제로 뒷부분에 의사나 판단을 서술한다.

例 1)　（もし）あなたが行けば私も行きます。

例 2)　（もし）安ければ買ってきてください。

여기서 학습할 「～ば」는 1.의 용법이다. 2.의 용법은 제35과 문형 8에서 학습한다.

- 여기서 학습할 「ば」는 일반적인 사실과 진리를 나타내는 문장으로, 원래는 「と」〔제12과 문형 6 참조〕에 바꿔 쓸 수도 있다. 다만, 본문의 발화 장면에서는 다음과 같이 각각의 쓰임을 의식했다.

「と」앞부분을 전제로 한 상태에서 어떤 결과가 일어날지를 뒷부분에 서술한다.

例）　（パソコンを）練習するとどうなるか。

　　　⇒練習すると上手になる／キーが覚えられる／速く打てるようになる…。

「ば」뒷부분을 야기시키기 위해 앞부분이 어떤 조건을 필요로 하는가를 서술한다.

例）どうすれば（パソコンが）上手になるか。

　　　⇒練習すれば／習いに行けば／毎日打てば…上手になる。

- 여기에서는 예문 1)～3)과 같이 충고 표현의 하나로써 연습한다.

➡ 연습 a

➡ 권말 「～ば」 참조

5　A：1週間にどのぐらい来られますか。
　　　B：3日ぐらいです。

- 빈도와 비율 등을 나타내는 표현을 학습한다.
- 여기서는 예문 1)처럼 질문문에 사용하는 경우와 예문 2), 3)처럼 대답문에 사용하는 경우를 실었다.
- 본문에 나와 있는 「週3目」와 같은 어법도 연습한다.

✱ 여기에서 다룬 조동사는 「目、冊、回、度、メートル」가 있지만, 학습자에 따라 예)와 같은 「本、杯、時間」등도 도입하면 좋다.

例）A：どのぐらいたばこを吸いますか。

　　B：1日に10本ぐらいです。

※ A：どのぐらい泳げますか。

　B：1000メートルぐらい泳げます。／ぜんぜん泳げないんです。

「どのぐらい」는 빈도나 비율뿐만 아니라 수량을 묻는 경우에도 사용한다. 여기서는 이런 예를 실었다. 대답할 때에는 구체적인 숫자(1000m 정도)나 부사(あまり、ぜんぜん) 등을 사용한다.

➡ 연습 b

a · 문형 1, 2, 4에서 학습한 표현을 사용하여 연습한다.

b · 문형 5에서 학습한 표현을 사용하여 연습한다.

❸ ここでたばこを吸うことはできません。

장면

京子가 아르바이트에 채용되어, 사원이 직장 안을 안내하고 있다.

어휘/표현

① 隣に喫煙室がありますから、そこで吸ってください。

문맥 지시의 「そこ」는 제28과 문형 6에서 학습한다. 여기에서는 「そこ」가 흡연실을 가리킨다는 것을 알아두면 된다.

문형

> 6　アルバイトの方も使うことができます。
> ここでたばこを吸うことはできません。

· 가능의 의미를 나타내는 표현 「〜ことができる」를 학습한다.

· 「アルバイトの方も使えます。」처럼 가능형을 사용해도 의미는 같지만, 이 교재에서는 「〜ことができる」는 정해진 것이나 규칙 등에서, 어떤 사항이 가능한 것을 서술할 때의 표현으로서 다루었다.

· 부정형은 「〜ことはできません」의 형을 다루었다.

23 ワンさんへのプレゼント

학습 목표

- 「～そう」를 사용하여 사물이나 사항의 외견이 주는 인상을 진술할 수 있다.
- 제삼자의 희망이나 원망을 상대에게 전할 수 있다.
- 선물을 주거나 받거나 할 때, 적절한 표현을 사용할 수 있다.

학습 문형

1. 涼し { そうです。 / くなさそうです。
2. 便利 { そうです。 / じゃなさそうです。／ではなさそうです。
3. 雨が降りそうです。
4. あんなワンピースがほしいと思っていたんです。
5. ワンピースが ほしいと思っていったんです。
6. 何か見たい物はありますか。
7. ワンさんがブローチを ほしがっていました。
8. ワンさんは日本料理を習いたがっていました。

본 문

❶ 涼しそうですね。

장면

マリー와 リー가 쇼핑을 나가, 백화점의 쇼윈도를 보고 있다.

어휘/표현

① あのワンピース、_涼しそうですね。
회화에서는 대개 조사를 생략하기 때문에 본문도 자연스러운 형으로 제시했지만, 학습자가 함부로 조사를 생략하지 않도록 주의한다.

1

> 涼し { そうです。
> くなさそうです。

- 사물이나 사항의 외견이 주는 인상을 서술하는 표현 「い형용사＋そうです。」를 학습한다.
- 제17과 문형 6에서 학습한 전문의 「～そうです。」와 혼동하지 않도록 「そうです。」의 앞의 형태에 주의한다.
- 「いい」는 활용이 변칙적이므로 주의한다.
- 검은 가방을 보고 「(誤)黒そうです。」라고는 말하지 않기 때문에, 본 것만으로 판단하는 경우에는 이 표현을 쓰지 않도록 지도한다.

➡ 연습 a

➡ 권말 「～そう」 참조

2

> 便利 { そうです。
> じゃなさそうです。／ではなさそうです。

- 사물이나 사항의 외견이 주는 인상을 서술하는 표현 「な형용사＋そうです。」를 학습한다.
- 제17과 문형 6에서 학습한 전문의 「～そうです。」와 혼동하지 않도록 「そうです。」의 앞의 형태에 주의한다.
- 문형 1과 마찬가지로 「(誤)きれいそうです。」라고는 쓰지 않으므로 주의한다.

➡ 연습 a

➡ 권말 「～そう」 참조

3

> 雨が降りそうです。

- 사물이나 사항의 외견이 주는 인상을 서술하는 표현 「동사＋そうです。」를 학습한다.
- 여기에서는 긍정형을 중심으로 학습한다. 이 용법에는 부정형을 사용한 것은 예가 적고, 문형 1, 2의 형용사의 경우와 달리 「～そうにありません。」이라는 문말이 되므로 여기에서는 연습은 하지 않고, 형태를 확인하는 것만으로 좋다.
- 「間に合いそうです。」와 같이 자신의 능력이나 상황으로부터 판단하여 가능성이 있는지 어떤지를 서술하는 표현은 제35과 문형 1에서 학습한다.

※ A : すごい雨ですね。

B : そうですね。しばらくやみそうにありませんね。

「동사＋そうです。」의 부정형을 확인하기 위하여 실었다.

➡ 연습 a

➡ 권말 「～そう」 참조

4 あんなワンピースがほしいと思っていたんです。

- 눈앞에 있는 것을 하나의 예로 생각하고 말할 때의 표현을 학습한다.
- 「こ・そ・あ」의 어느 것을 사용하는가는, 제2과에서 학습한 면전지시의 규칙을 따른다.
- 여기서는 「これ、それ、あれ」와 「こんな・そんな・あんな」의 차이만을 중점으로 하고, 「そんな簡単なことはわかっています。」「こんなにすばらしいものをいただいてもいいんですか。」처럼 특별한 뉘앙스를 포함한 표현과 문맥 지시의 용법은 다루지 않겠다.

5 ワンピースがほしいと思っていったんです。

- 어떤 사물을 손에 넣고 싶다는 자신의 바램을 서술하는 표현을 학습한다.
- 여기서는 「ほしい」도 「ほしいと思っている」도 모두 같은 의미로써 다루었다.
- 문말이 현재형인지 과거형인지에 따라 아래와 같은 의미의 차이가 있기 때문에, 주의해서 지도한다.

① こんなワンピースが { ほしいんです。 / ほしいと思っているんです。

② こんなワンピースが { ほしかったんです。 / ほしいと思っていたんです。

①은, 아직 원피스가 화자의 손에 들어오지 않은 경우의 표현이고, ②는 화자가 원피스를 소유한 경우, 혹은 본문 1처럼 확실하게 소유할 수 있는 상태가 된 경우의 표현이다. 따라서 누군가에게 물건을 받은 경우에는 ②를 사용하는 것이 자연스럽다.
- 「ほしい」의 대상은 물리적으로 손에 들어온 것으로, 「(誤)あの先生の授業がほしい。」「(誤)貿易関係の仕事がほしい。」와 같이는 쓰지 않는다.
- 상대에게 「何がほしいですか。」「ワンピースがほしいですか。」라고 말하면, 실례가 되거나 유치한 표현이 되므로 사용하지 않도록 지도한다.
- 예문 4)와 같이 가게 앞 등에서 자주 쓰이는 표현도 연습한다.

➜ 연습 b, 연습 c

연습

a
- 문형 1, 2, 3에서 학습한 표현을 사용하여 연습한다.
- 「高そうです」의 형으로 연습한다.

✳ 이 외에도 그림과 사진을 이용해서 연습하면 좋다.

b
- 문형 5에서 학습한 표현을 사용하여 연습한다.
- 「いらっしゃいませ」는 점원이 손님에게 사용하는 인사말이다.

c
- 문형 5에서 학습한 표현을 사용하여 연습한다.
- 「ほしい」(문형 5)와 「〜たい」(제11과 문형 9)와의 차이를 확인하고 나서 연습한다.

❷ ワンさんはブローチをほしがっていました。

◆ 장면

백화점에서 마리와 리가 완의 생일에 무엇을 선물할지 이야기하고 있다.

◆ 어휘/표현

① ワンさんに<u>あげる</u>プレゼントを探したいんですが…。
「あげる」는 제24과 문형 3에서 학습한다. 여기에서는 리와 마리가 완에게 준다는 것만 알면 된다.

② <u>そうですねえ。</u>
상대의 질문에 대해 대답을 생각하거나, 생각해 내려고 할 때 사용하는 표현이다.

③ でも、どんなのがいいか私達には<u>よくわかりませんね。</u>
「よく」가 「ない」와 이어져서 끝맺는 형은 여기서 처음 나온다.

④ <u>いえ</u>…。
「いいえ」와 같은 의미인 것을 확인한다.

⑤ ああ、<u>そういえば</u>ブローチもほしいと言っていましたね。
생각해 낸 것을 말할 때 사용하는 표현이다. 여기서는 의미를 이해할 수 있으면 좋다.

⑥ ええ、<u>そうしましょう。</u>
상대의 제안에 찬성할 때의 표현이다.

◆ 문형

6   <u>何か</u>見たい<u>物</u>はありますか。

- 「何か～物／こと」「どこか～所」「誰か～人」「いつか～時／日」의 조합을 학습한다. 「何か」「どこかへ」「どこかに」를 이용한 의문문은 제7과 문형 3에서 학습했다.
- 「何か冷たい物を(が)飲みたいです。」의 「何か冷たい物」에 의문의 의미는 없고 「<u>ジュー</u>スを(が)飲みたいです」의 「ジュース」와 같이 사용되는 것을 이해시킨다.
- 다음과 같은 회화도 제시하여 「何か」와 「何が」의 차이도 지도한다.
    - A : Bさんは<u>何か</u>食べたい物がありますか。
    - B : はい。
    - A : <u>何が</u>(を)食べたいですか。
    - B : イタリア料理が(を)食べたいです。
- ➡연습 d

7   ワンさんがブローチを<u>ほしがっていました。</u>

- 어떤 물건을 손에 넣고 싶다는 제삼자의 바램을 서술한 표현 「～ほしがっていた」를 학습한다.

- 어떤 사물을 손에 넣고 싶다는 자신의 희망을 서술하는 표현 「ほしい」는 문형 5에서 학습했다.
- 제삼자의 희망이 현재까지 계속되는 것을 보다 강하게 호소하고 싶을 경우에는 「田中さんが薬をほしがっています。急いでください。」와 같이 「～ほしがっている」를 사용하지만, 여기서는 사용 빈도가 높은 「～ほしがっていた」만 다루었다.
- 「国の友達が日本のCDをほしがっていたので、買って帰るつもりです。」와 같은 경우, 「ほしがっている」로 해도 의미는 크게 다르지 않다. 그러나, 여기에서는 학습자의 혼란을 막기 위하여,「ほしがっていた」의 형으로 연습한다.

※ ワンさんはブローチがほしいと言っていました。
「ほしがっていた。」와 같은 의미로 사용되는 「ほしいと言っていた。」를 소개하기 위해 실었다.

➡연습 e

8 **ワンさんは日本料理を<u>習いたがっていました</u>。**

- 제삼자의 희망을 서술하는 표현 「～たがっていた。」를 학습한다.
- 자신의 희망을 서술하는 표현 「～たい。」는 제11과 문형 9에서 학습했다.
- 문형 7과 마찬가지로, 여기서는 사용 빈도가 높은 「～たがっていた。」라는 형만 다루었다.
- 문형 7과 마찬가지로, 「～たがっている」를 이용해도 큰 의미의 차이가 없는 경우도 있지만, 여기서는 「～たがっていた」의 형으로 연습한다.
- 아래와 같이 「～たがっていた。」와 「～たい。」의 조사의 사용 방법도 주의해서 지도한다.
   예) (私は)コーヒーを／が飲みたい。
      (ワンさんは)コーヒーを飲みたがっていた。
      (私は)田中さんに会いたい。
      (ワンさんは)田中さんに会いたがっていた。

※ ワンさんは日本料理を習いたいと言っていました。
「～たがっていた」와 같은 의미로 사용되는 「～たいと言っていた。」를 소개하기 위하여 실었다.

⚙️연습
d ・문형 6에서 학습한 표현을 사용하여 학습한다.
e ・문형 7과 본문 2에서 학습한 내용을 사용하여 연습한다.

❸ お誕生日おめでとうございます。

⚙️장면
リーと マリーが ワンに 생일 선물을 준다.

＊ 실제로 사물을 사용하여 역할 연습을 하면 좋다.

📛 어휘/표현

① ワンさん、<u>お誕生日おめでとうございます。</u>
　결혼, 입학을 축하하는 단어도 소개한다. 각각 「ご結婚おめでとうございます。」「ご入学
　おめでとうございます。」가 되고, 「ご」를 사용한다.

# 24 贈り物

- 과거와 현재에서 변화된 사항에 대하여 서술할 수 있다.
- 일본의 선물 습관을 안다.
- 「あげる」와 「もらう」를 사용하여 물건의 교환을 표현할 수 있다.

학습 문형

1. 輸送機関が発達したので、生鮮食品も送れる<u>ようになりました</u>。
2. 最近は、お中元やお歳暮を自分で持って行か<u>なくなりました</u>。
3. 私はアルンさん<u>に</u>チョコレートを<u>あげました</u>。
4. 私はおおぜいの人<u>に</u>お中元を<u>もらいました</u>。

본 문

❶ バレンタインデーにもプレゼントを贈るようになりました。

장면

텔레비전 방송에서 일본의 선물 습관의 변화를 소개하고 있다.

O 정독하는 것이 좋지만, 어려운 신출어가 많으므로, 학습자에 따라 의미 이해만으로 그쳐도 좋다.

＊ お中元이나 おせいぼ 등, 일본의 선물에 관한 기본적인 지식을 소개하고 나서 본문 학습에 들어가면 좋다.

＊ 본문을 학습한 후, 우리 나라의 선물 습관을 소개하게 하면 좋다.

어휘/표현

① これ以外にも、日本には<u>古くから</u>定期的に贈り物をする習慣があります。
い 형용사 「古い」의 명사형 「古く」이다. 여기에서는 「以前から」「昔から」의 의미인 것을 확인한다.
② <u>また</u>、輸送機関が発達したので、今では生鮮食品も送れるようになりました。
앞에서 서술했던 내용과 관련있는 사항을 첨가하는 접속사이다.

③ また、輸送機関が発達したので、今では生鮮食品も送れるようになりました。
「今何時ですか。」の「今」と 달리 「現在」의 의미로 사용되고 있다. 현재와 과거의 변화를
나타내는 표현으로써 「昔は～だったが、今では～ようになった。」라는 형으로 사용되는
것을 확인한다.

④ 毎年2月になると、チョコレート売場は、どこも若い女の人でいっぱいになります。
백화점이나 수퍼 등 모든 초콜릿 매장이 여자들로 꽉 차게 된다라는 의미임을 확인한다.

⑤ 毎年2月になると、チョコレート売場は、どこも田若い女の人でいっぱいになります。
여기서는 백화점이나 슈퍼의 초콜릿 매장에 여자들이 많이 모여 있다는 의미로, 「人で
いっぱい」라는 형태로써 사용되는 것을 확인한다.

⑥ また、12月になると、デパートではいろいろな品物をクリスマスプレゼントとして売り出
します。
목적의 차이를 나타내는 표현이다. 「ケーキ」등을 예로 들어 「クリスマスのケーキとして
買う。」「誕生日のプレゼントとして買う。」「手みやげとして買う。」등을 제시하여, 의
미를 확인한다.

⑦ デパートの宣伝やマスコミの影響で、これらのプレゼントは、年々盛んになってきました。
「これらのプレゼント」가 발렌타인 데이와 크리스마스 선물이라는 것을 확인한다.

⊠ 文型

1　輸送機関が発達したので、生鮮食品も送れるようになりました。

- 동사를 사용한 변화의 표현을 학습한다. 여기서 학습하는 것은 부정에서 긍정으로의
  변화이다. い형용사와 な형용사, 동사의 변화 표현은 제12과 문형 5에서 학습했다.
- 예문 1)은 개인 능력의 변화, 예문 2)는 사회 상황의 변화, 예문 3)은 개인적인 습관
  의 변화, 예문 4)는 사회적인 습관의 변화를 나타내고 있다.

※ 薬を飲んだのでかぜが治りました。
「治る」와 같이 원래 변화의 의미가 있는 동사는 「～ようになる」는 사용하지 않는다
는 것을 나타내기 위해 실었다. 「慣れる」「増える」「滅る」등도 마찬가지이다.

※ 薄切りの牛肉を長く煮ると、固くなりです。(제12과 문형 5)

※ 前はさしみが嫌いでしたが、今は好きになりました。(제12과 문형 5)
い형용사와 な형용사를 이용한 변화의 표현을 복습하기 위해 실었다.

2　最近は、お中元や歳暮を自分で持って行かなくなりました。

- 동사를 사용한 변화의 표현을 학습한다. 여기서 학습하는 것은 긍정에서 부정으로의
  변화이다.
- 예문 1)은 개인 능력의 변화, 예문 2)는 개인 상황의 변화, 예문 3)은 개인적인 습관
  의 변화, 예문 4)는 사회적인 습관의 변화를 나타낸다.

· 긍정에서 부정으로의 변화를 나타내는 용법으로는 「行かないようになる」라는 형도 있지만, 이 교재에서는 い형용사 「固くなる」와 같이 「行かなくなる」라는 형으로 통일했다.

✱ 이 문형을 학습한 후에, い형용사, な형용사, 명사, 동사, 각각의 변화 표현의 규칙을 확인하는 것도 좋다.

❷ チョコレートをあげましたか。

◈ 장면

발렌타인 데이에 백화점 앞에서 伊藤 기자가 여자(회사원)와 인터뷰하고 있다.

○ 일본에서는 발렌타인 데이에 남성이 여성에게 선물을 받는다는 것을 확인하고 나서 본문 학습에 들어간다.

◈ 어휘/표현

① ちょっと伺いたいんですが…。
경어는 제30과에서 학습한다. 여기서는 의미만 알아두면 된다.

◈ 문형

> **3** 私はアルンさんにチョコレートをあげました。

· 사물의 수수 표현의 하나인 「あげる」를 학습한다.
· 「あげる」는 제16과 본문 2와 제23과 본문 2에서 이미 배웠다.
· 「あげる」는 주는 사람의 행위를 나타내는 표현이지만, 자신이 사물이 받는 입장인 경우에는, 「人が私にくれる。」가 되므로 그러한 예를 들지 않도록 주의한다. 「くれる」는 제25과 문형 4에서 학습한다.
· 「もらう」는 문형 4에서 학습한다.
· 「私はあなたにプールの招待券をあげます。」와 같이, 주는 상대에게 직접 「あげる」를 사용하면 실례되는 인상을 줄 수 있으므로, 이러한 경우는 「プールの招待券があるんですが、いかがですか。」 등의 표현을 사용하도록 지도한다.
· 여기에서 학습하는 「あげる」의 용법은 아래와 같다.

   1. 나   ——사물——▶   제삼자   예문 1), 2), 3)(マリーの発話), 5)

   2. 제삼자   ——사물——▶   제삼자   예문 4)

   3. 말하는 이 ——사물——▶   제삼자   예문 3) (キムの発話)

각각의 용법에 관하여 연습한다. 다만, 3.에 대해서는 예문 3) (キムの発話)와 같은 질문문만 연습한다.

✱ 실제로 사물을 학습자 사이에서 이동시키면서 연습하면 좋다.

◗권말「あげる、もらう、くれる」참조

❸ どんな物をもらいましたか。

✖ 장면

伊藤 기자가 백화점 앞에서 여자(주부)와 中元에 관하여 인터뷰하고 있다.

＊ 선물 팜플렛이나 교재 *p.96*의 그래프 등을 사용하여 화제를 도입하면 좋다.

✖ 문형

4 | 私は<u>おおぜいの人に</u>お中元を<u>もらいました</u>。

- 사물의 수수 표현의 하나인「もらう」를 학습한다.
- 문형 3「あげる」와 비교하면서 학습할 때는 다음과 같은 관계에 주의한다.

　　　　AさんはBさんにもらう。　⇔　　　　BさんはAさんにあげる。

　　　　私は　　Bさんにもらう。　⇔ (誤) Bさんは私に　　あげる。

　(誤) Aさんは私に　　もらう。　⇔　　　私は　　Aさんにあげる。

- 여기서 학습하는「もらう」의 용법은 아래와 같다.

　1. 제삼자 ──사물──▶ 나　　　예문 1), 2)(アルンの発話), 3), 5), 6)(学生の発話)

　2. 제삼자 ──사물──▶ 제삼자　예문 4)

　3. 제삼자 ──사물──▶ 화자　　예문 2)(リンの発話), 6)(アルンの発話)

　각각의 용법에 관하여 연습한다. 3.에 대해서는 예문 2)(リンの発話)와 같은 질문문만 연습한다.

＊ 실제로 사물을 학습자 사이에서 이동시키면서 연습하면 좋다.

※ 私は国から奨学金をもらって勉強しています。

　주는 쪽을「から」로 나타내는 예를 표시하기 위해 실었다. 주는 쪽이 사람인 경우의 조사는「に」「から」양쪽 다 괜찮지만, 주는 쪽이 조직, 단체, 기관 등의 경우는「から」가 된다. 이 교재에서는 학습자의 혼란을 피하기 위해, 주는 쪽이 사람인 경우는「に」, 조직 등의 경우는「から」로 통일했다.

◗권말「あげる、もらう、くれる」참조

▶ お中元에 관한 앙케트 조사 (p. 96)

- 본문 3에서 お中元에 관해 설명할 때 이용한다.
- 계절의 특성으로 인해 맥주나 주스가 많이 보내진 점이나, 희망한 것과 실제로 받은 상품에 차이가 있는 점 등을 확인한다.

＊ お中元의 팜플렛 등을 사용하여「洋菓子」나「海苔」등의 신출어를 도입하면 좋다.

25 プールへ行かない？

- です・ます체를 사용한 격식차린 말투(이하 정중어)와 친구들끼리 등에서 사용되는 격의없는 말투(이하 반말)의 각각의 쓰임을 이해하며, 반말체 회화를 듣고 이해할 수 있다.
- 반말체 표현을 사용하여 친구에게 권유하거나 권유를 거절하거나 하는 등의 간단한 회화를 할 수 있다.
- 전화로 간단한 응대를 할 수 있다.
- 상태를 나타내는 형용사를 사용해서 자기 소지품의 특징을 말할 수 있다.
- 「あげる、もらう、くれる」을 사용하여 사물의 교환 표현을 할 수 있다.

1. 親しい友達との会話 1
2. 親しい友達との会話 2
3. 親しい友達との会話 3
4. 友達が（私に）プールの招待券をくれました。
5. 行きたいけど、明日はアルバイトがあるの。

❶ プールへ行かない？

✖ 장면

武가 良子에게 전화로 수영장에 가자고 권유한다.

○ 武와 良子는 제6과, 제17과 본문에서는 です・ます체를 사용하여 대화했지만, 친밀감이 늘어 여기에서는 반말로 이야기하고 있다.

○ 武가 良子의 어머니에게는 정중어, 良子에게는 반말을 사용하고 있는 것에도 주목하게 한다.

○ 네째줄까지의 전화 응답은 외워서 말할 수 있게 될 때까지 연습한다.

＊ 武와 良子가 です・ます체로 대화하는 제17과 본문 2와 비교 질문하면서 본문에 들어가면 좋다.

① もしもし、吉田でございます。

　전화를 걸 때 사용하는 표현이다. 경어는 제30과에서 학습한다.

② 佐藤と申しますが、良子さんをお願いしたいんですが。

　전화로 상대를 부탁할 때 사용하는 표현이다.

③ 招待券が3枚あるからもう一人行けるんだけど、誰かいない？

　제17과 문형 3에서 학습한 「～んですが」의 반말체이다.

❷ 行きたいけど、明日はアルバイトがあるの。

■ 장면

良子가 京子에게 전화로 수영장에 가자고 권유하고 있다.

○ 전화는 누가 받을지 모르기 때문에, 良子가 처음에는 です・ます체로 말하지만, 상대가 京子라고 알게 된 시점에서 반말로 바꾼 점에 주목하게 한다.

■ 어휘/표현

① もしもし、小野さんのお宅ですか。

　자신이 이야기하고 싶은 상대의 집에 걸었는지 어떤지를 확인할 때 사용하는 표현이다.

② あら、そう。

　유감인 기분을 표시하고 있다. 남성의 경우는 「ああ、そう」가 된다.

③ うん、じゃ、またね。

　전화를 끊을 때 쓰는 표현 「失礼します。」는 제22과 본문 2에서 학습했는데, 「またね。」는 이것의 반말 표현이다. 친구들 사이에서 헤어질 때 쓰는 인사로도 사용되지만, 윗사람에 대해서는 사용하지 않도록 지도한다.

■ 문형

1　親しい友達との会話1

・ 사전형이나 기본체를 사용한 기본적인 반말을 학습한다.

・ 여기에서 말하는 친한 친구는 거의 동년배의 친한 친구로써, 20대부터 30대를 기준으로 하고 있다. 친한 친구 사이라도, 화자의 나이 등에 따라 쓸 수 있는 표현이 교과서에서 다루었던 형과는 다른 경우도 있다. (문형 2, 3도 마찬가지이다.)

・ 좌우 페이지가 대응하여, 왼쪽이 반말, 오른쪽이 정중한 말이다. (문형 2, 3도 마찬가지이다.)

・ 동사, い형용사는 기본체를 사용하지만, な형용사와 명사는 현재형은 사전형, 과거형은 기본체를 사용하므로 주의한다.

· 질문문의 경우, 「行く？」처럼 「？」를 문말에 사용하고 있다. 그것은 상승 억양으로 발음할 것을 나타내고 있다. 교과서용 테이프 등을 사용하여 억양을 지도한다.

➡ 연습 a, b, c, d, e, f

◆ 과말 「助詞에 대해」 참조

◆ 과말 「イントネーション에 대해」 참조

2　**親しい友達との会話２**

· 남성과 여성의 표현이 다른 반말을 학습한다.

· 성별에 의한 표현의 차이는 연령과 지역 등에 의해 다른 부분도 많다. 여기에서는 일반성이 높은 표현을 골랐다. 학습자에 따라 다른 표현도 소개하면 좋다.

· 문형 1과 마찬가지로, 상승 억양의 부분 등을 교과서용 테이프 등을 사용하여 지도한다.

➡ 연습 c, d, e, f

◆ 과말 「助詞에 대해」 참조

◆ 과말 「イントネーション에 대해」 참조

3　**親しい友達との会話３**

· 반말에서 자주 사용되는 「～ている → ～てる」와 같이 형태가 변하는 표현을 학습한다.

· 예문 1)의 「B：はい。」는 yes, no의 「はい」가 아니라, 상대에게 사물을 건네줄 때 사용하는 표현이다.

· 예문 4)의 「なくちゃ／なきゃ」는 문장 중에서는 「勉強しなくちゃいけないから」와 같은 형태로 되므로, 학습자에 따라 여기서 소개한다.

· 예문 5)의 「ごめん。」과 같은 의미로 사용되는 「ごめんなさい。」도 소개한다. 둘 다 윗사람에 대해 사용하면 실례가 되므로, 윗사람에게는 「すみません。」을 사용하도록 지도한다.

· 문형 1과 마찬가지로, 상승 억양의 부분 등을 교과서용 테이프 등을 사용하여 지도한다.

➡ 연습 d

◆ 과말 「助詞에 대해」 참조

◆ 과말 「イントネーション에 대해」 참조

4　**友達が（私に）プールの招待券をくれました。**

· 사물의 수수 표현의 하나인 「くれる」를 학습한다.

· 「あげる」와 「もらう」는 제24과 문형 3, 4에서 학습했다.

· 「（人）が（物）を（私）にくれる。」의 경우, 「（私）に」의 부분은 상황으로부터 판단할 수 있기 때문에 생략된 것도 많다. 무엇이 생략되었는지에 주의하여, 다음의 두 가지 경우 등을 학습한다.

1. 제삼자 →(사물) 「私」혹은 「私の家族」…… 예문 1), 2), 3), 4), 5)(良子の発話)
2. 제삼자 →(사물) 이야기하는 상대 …… 예문 5)(京子の発話)

1.의 용법이 정착되고 나서 2.의 용법을 연습한다.

· 「くれる」「もらう」는 주는 쪽에서 받는 쪽으로 사물이 보내질 때에 사용된다. 그러나, 「くれる」는 받는 쪽의 의도와는 관계없이, 주는 쪽의 호의에서 사물이 보내지는 경우에 사용되는 것이 많다. 예문 4)와 같이, 이웃집 할머니가 과자를 주는 것을 좋아한다고 생각하지 않는 경우나 「いらないと言ったけどくれたの。」와 같이 거절했는데 주었다라는 경우 등은 「くれる」쪽이 보다 적절하다. (「(誤)いらないと言ったけどもらったの。」) 또, 「もらう」을 사용하면 「相手はだめだと言ったけど、無理に頼んで、もらった。」와 같이, 받는 사람이 주는 사람에게 의뢰한다는 뉘앙스를 포함할 수 있다.

· 「あげる」와 비교하면서 학습할 때에는 아래와 같은 관계에 주의한다. 주는 사람(A)이 같아도, 받는 사람이 제삼자(B)인 경우에는 「あげる」, 자신이나 자신의 가족 등일 경우에는 「くれる」가 된다.

Aさんは	Bさんに	あげる ⇔	Bさんは	Aさんに	もらう。
Aさんは	私に	くれる ⇔	私は	Aさんに	もらう。
Aさんは	私の妹に	くれる ⇔	私に妹は	Aさんに	もらう。
Aさんは	[私の話し相手]に	くれる ⇔	[私の話し相手]は	Aさんに	もらう。

✳ 교과서 p.110, 111의 참고 페이지를 이용하여, 「あげる、もらう、くれる」의 차이를 이해시키면 좋다.

✳ 실제로 사물을 학습자 사이에서 이동시키면서 연습하면 좋다.

※ 母はときどきおこづかいをくれますが、父はくれません。
예문 1)~5)는 「くれる」의 주격을 나타내는 조사가 전부 「が」로 되어 있지만, 문맥에 따라서는 「は」가 되는 것도 있다는 것을 나타내기 위하여 실었다.

➡ 연습 e, 연습 f
➡ 권말 「あげる、もらう、くれる」참조

5   行きたいけど、あしたはアルバイトがあるの。

· 역접의 표현 「〜けど」를 학습한다.
· 제8과 문형 5에서 학습한 역접의 표현 「〜が」와 달리 「〜けど」는 회화체로, 반말적인 표현이므로 작문할 때나 윗사람에 대해 학습자가 사용하지 않도록 주의한다.

※ 　武 : 良子さん、明日、暇？
良子 : うん。
　武 : 映画の切符があるんだけど、見に行かない？
良子 : いいわね。
「〜んだけど」의 형에서 앞에 오는 표현으로서 사용되는 것을 나타내기 위하여 실었

다. 〔제17과 문형 3 참조〕

➡연습 f

✖ 연습

a ・문형 1에서 학습한 표현을 교과서용 테이프를 사용하여 학습한다.
b ・문형 1에서 학습한 표현을 교과서용 테이프를 사용하여 학습한다.
・「あんまり」는 「あまり」의 회화체로서 지도한다.
c ・문형 1, 2에서 학습한 표현을 교과서용 테이프를 사용하여 학습한다.
d ・문형 1, 2, 3에서 학습한 표현을 교과서용 테이프를 사용하여 학습한다.
e ・문형 1, 2, 4에서 학습한 표현을 교과서용 테이프를 사용하여 학습한다.
・「友達がプールの招待券をくれたの。」를 「(誤)くれたんの」로 발음하지 않도록 지도한다.
f ・문형 1, 2, 4, 5에서 학습한 표현을 교과서용 테이프를 사용하여 학습한다.
・「明日はアルバイトがあるの。」를 「(誤)あるんの」로 발음하지 않도록 지도한다.

▶ **참고** (p. 110, 111)
・「あげる、もらう、くれる」의 학습이 끝난 단계에서 정리로서 학습한다.
・우선 「あげる」와 「もらう」의 차이를 확인한 상태에서, 「あげる」와 「くれる」의 차이를 이해시킨다.

▶ **助詞에 대해**

・격식을 차리지 않는 대화의 경우, 종종 조사가 생략된다. 단, 조사가 생략될지 어떨지는 규칙이 복잡하기 때문에, 장면이나 개인에 따라 부자연스러운가 아닌가의 기준에는 차이가 있다. 그래서, 여기에서는 다음과 같은 점을 참고로, 생략하는 조사를 「を」로 한정했다.

　1.「を」는 대부분의 경우 생략하는 것이 가능하지만, 「を」이외의 조사를 생략하면 부자연스러운 인상을 주는 경우가 많다.

　　예) ごはんを食べない？　→　ごはん_食べない？
　　　　食堂でごはん食べない？　→　(誤) 食堂_ごはん食べない？

　2.「を」이외의 조사를 생략하면 오해할 수가 있다.

　　예) 教室にある。→　教室_ある。→　? 教室がある。

또, 조사 「は」에 관해서도 「これ、おいしいね。」처럼, 눈앞에 있는 물건에 대해서 서술할 때에 한해서 생략했다.

・격식을 차리지 않는 대화를 할 때, 학습자가 함부로 조사를 생략하지 않도록 지도한다.

▶ イントネーションに 대해

- 상승 억양을 수반하여 바르게 발음하기 위해서는 각각의 단어의 악센트를 정확히 기억할 필요가 있지만, 이 단계의 학습자에게는 부담이 크기 때문에, 격식을 차리지 않은 회화에서의 음성면에 대해서는 다음과 같은 목표를 설정하고, 교재의 본문, 문형, 연습을 작성했다.

  1. 격식을 차리지 않은 표현을 듣고 상승 억양인지 아닌지(질문문인지 아닌지)를 구별해서 들을 수 있다.
  2. 상승 억양을 수반하여 단어를 발음할 경우, 그 단어의 악센트의 형태를 바꾸지 않고 발음한다는 것을 안다.
  3. 본문과 문형, 연습에서 다룬 표현은 바르게 말할 수 있도록 한다.

- 일본어의 악센트는 평판식과 기복식으로 크게 나눌 수 있다. 상승 억양으로 발음할 경우에는, 보통 그 악센트의 형태는 변하지 않고, 그 악센트에 상승 억양을 첨가하여 다음과 같이 발음한다.

  ①(평판식)　いく　[行く]　　い　く　？

  ②(기복식)　のむ　[飲む]　　の　む　？

따라서 악센트가 기복식인 단어를 다음과 같이 악센트의 형태를 바꿔서 상승 억양으로 발음해서는 안된다.

  ②　のむ　[飲む]　　(誤)　の　む　？

이 규칙은 품사에 관계없이 3박자 이상의 단어에서도 마찬가지로 다음과 같이 된다.

  ①(평판식)　あした？　　かんたん？　　せんめんじょ？

  ②(기복식)　たべる？　　むずかしい？　　コンピューター？

26 ふたが開かないんです。

・자동사와 타동사의 기본적인 사용 구분을 이해할 수 있다.
・자신이 곤란해 하는 것을 상대에게 전하거나, 수리를 의뢰할 수 있다.

학습 문형

自動詞と他動詞（p.74~77）
1. 電源を入れてもつかないんです。
2. 故障したんじゃなくて、／のではなくて、電源がなくなったんです。
3. 電池の方向を間違えると、こわれることがあります。

본 문

❶ 手を出すと自動的に水が出ます。

▧ 장면

일상 생활에서 자동사와 타동사가 쓰이는 장면을 여섯 가지 다루었다.

○ [▶自動詞と他動詞]에서 자동사와 타동사라는 두 가지 다른 동사군이 있다는 것을 이해하고 나서 본문 1을 학습한다.

○ 본문 1에서는 자동사와 타동사가 일상 생활 속에서 어떻게 사용되고 있는지, 장면과 연결지어 학습한다.

▧ 어휘/표현

① 糸が切れて、どっかへ行っちゃったんだ。
「どこか」의 회화체이다. 윗사람에 대해서는 사용하지 않도록 지도한다.

② あ、ありました。
찾고 있는 물건을 발견했을 때는 「あります。」가 아니라, 「ありました。」로 과거형이 된다는 것을 확인한다.

✳ 교실의 전기 스위치 등을 이용하여 역할 연습을 하면 좋다.

➔ 연습 b

③ <u>ちょっと</u>びんのふたを開けて。

의뢰의 표현과 함께 사용된다. 「少し」의 의미가 아닌 것을 확인한다.

④ <u>貸して</u>。

이 「貸して(ください)。」는 「借りたい。」라는 의미가 아니라 「私がやってみます。」라는 의미로서 사용되고 있다. 여기서는 의미만 알면 된다.

＊ 뚜껑이 있는 병 등을 이용하여 역할 연습을 하면 좋다.

➔ 연습 c

【 自動詞と他動詞 】

① 糸が<u>切れて</u>、どっかへいっちゃったんだ…。
伸이 움직이게 한 것이 아니라, 실의 자연스러운 변화를 나타내므로, 자동사가 쓰이고 있다.

② この水道、<u>回したり</u> <u>押したり</u>するものが何もないんですけど…。
マリー가 수도를 움직인 동작을 나타내므로, 타동사가 쓰이고 있다.

③ ああ、これ、手を<u>出す</u>と自動的に水が出るんですよ。
사람이 수도를 움직이는 동작을 나타내므로, 타동사가 쓰이고 있다.

④ ああ、これ、手を出すと自動的に水が<u>出る</u>んですよ。
사람이 수도를 움직인 결과의 변화를 나타내므로, 자동사가 쓰이고 있다.

⑤ あ、本当だ！<u>出ました</u>。
マリー가 수도를 움직이게 한 결과의 변화를 나타내므로, 자동사가 쓰이고 있다.

⑥ 電気を<u>つけ</u>ましょう。
マリー가 전기를 움직이는 동작을 나타내므로, 타동사가 쓰이고 있다. 「〜ましょう。」는 타동사를 수반하는 경우가 많다.

⑦ あれ、<u>つきません</u>ね。
マリー가 전기를 움직인 결과의 변화를 나타내므로, 자동사가 쓰이고 있다. 「つきません。」에는 단순히 결과의 변화를 나열하는 것뿐만 아니라, 「움직이게 하였는데, 결과가 발생하지 않는다」라는 가능의 의미도 포함되어 있다. 이와 같이 자동사의 용법에는 가능형의 용법과 비슷한 점이 있기 때문에, 다음과 같은 예를 들어 그 차이를 이해시키면 좋다.

　예 1) ドアがこわれているので、(ドアが)開かない。(자동사)

　예 2) ドアのノブに手が届かないので、(ドアが)開けられない。(가능형)

예 1)의 경우, 열리지 않는 원인은 자신의 능력이 아니라 동작을 한 대상인 문에 있다라는 의미가 포함되어 있다. 또, 예 2)의 경우, 열 수 없었던 원인은 동작의 주체인 자신에게 있다.

⑧ <u>つきました</u>。
長井가 전기를 움직인 결과의 변화를 나타내므로 자동사가 쓰이고 있다.

9 すぐに<u>動かして</u>ください。

佐藤가 차를 움직인 동작을 나타내므로, 타동사가 쓰이고 있다. 「～てください。」는 타동사를 수반하는 경우가 많다.

10 故障して<u>動かない</u>んです。

차를 움직인 결과의 변화를 나타내고 있으므로, 자동사가 쓰이고 있다. 또, 고장난 차에 그 원인이 있기 때문에, 「動けない」라는 가능형은 될 수 없다.

11 ちょっとびんのふたを<u>開けて</u>。

一郎가 병뚜껑을 움직인 동작을 나타내므로, 타동사가 쓰이고 있다.

12 これ、良子さんにもらったジャムなんだけど、<u>開かない</u>の。

幸子가 병뚜껑을 움직인 결과의 변화를 나타내고 있으므로, 자동사가 쓰이고 있다.

13 ほら、<u>開いた</u>。

一郎가 병뚜껑을 움직인 결과의 변화를 나타내고 있으므로, 자동사가 쓰이고 있다.

14 マリーさんを<u>起こしましょうか</u>。

山本가 マリー를 움직이게 한 동작을 나타내고 있기 때문에 타동사가 쓰이고 있다. 움직이게 하는 대상이 사람이어도 타동사가 쓰이는 용법이다.

15 マリーさん、マリーさん、<u>起きてください</u>。

マリー 자신이 스스로 하는 동작을 나타내기 때문에, 자동사가 쓰이고 있다. 9에서는 「타동사＋てください。」를 학습했지만, 「おきる」와 같이 사람(동물)이 동작의 주체가 되는 자동사의 경우에는 「자동사＋てください。」도 쓰인다. 여기에서는 「起きてください。(자동사)」와 「起こしてください。(타동사)」의 의미의 차이를 확인한다.

✖ 연습

a ・본문 1 〈회화 2〉의 표현을 사용하여 연습한다.

b ・본문 1 〈회화 3〉의 표현을 사용하여 연습한다.

・「伺う」는 「行く」의 정중한 표현이라는 것을 알아두면 좋다. 경어는 제30과에서 학습한다.

c ・본문 1 〈회화 5〉의 표현을 사용하여 학습한다.

❷ 電源を入れてもつかないんです。

✖ 장면

ワンが 전파사에 가서, 전자 사전의 수리를 의뢰하고 있다.

✱ 실제로 테이프 레코더 등을 사용하여, 역할 연습을 하면 좋다.

✖ 어휘/표현

① これ、電源を入れても<u>つかないんですが</u>、故障でしょうか。

開かないんですが…。
電池が入らないんですが…。
자신이 곤란해 하고 있는 점을 상대에게 전할 때에 사용하는 표현이다.

⊠ 문형

▶ 자동사와 타동사

· 자동사와 타동사의 기본적인 차이를 학습한다.
· 이 과에서는 자동사와 타동사의 차이에 관하여 다음과 같은 목표를 설정하고 학습한다.
  1) 동사에는 「自動詞」와 「他動詞」라 불리는 동사군이 있고, 다음과 같은 특징을 가진 것을 안다.

     자동사 ― 동작의 주체가 변화하기도 하고 움직이기도 하는 것을 나타낸다.
     타동사 ― 동작의 주체가 다른 것(사람)에 대해 움직임을 걸어 변화시키거나
     움직이게 하는 것을 나타낸다.

  2) 동작의 주체를 나타내는 조사는 「が」(그것이 문장의 토픽이 되는 경우 「は」)이고, 타동사가 움직임을 거는 대상을 나타내는 조사는 「を」인 것을 안다.
  3) 형태가 많이 닮은 자동사와 타동사의 짝을 형태로부터 분류하고, 활용형와 같이 그 규칙을 일반화하여 외우는 것은 어렵다. 따라서 각각의 동사을 어휘로써 하나 씩 하나씩 외우지 않으면 안 된다는 것을 이해한다.
  4) 일상 생활에서 자주 사용되는 것에 대해서는 교과서의 장면과 함께 외운다.
  5) 모든 동사가 자동사와 타동사의 짝으로 되어 있는 것이 아니라 자동사만인 동사 와 타동사만인 동사도 있다는 것을 안다.
  6) 새로운 동사를 학습하면 자동사인가 타동사인가 라는 것에 관심을 가지려는 자세 를 몸에 익힌다.
· 여기서는 자동사와 타동사의 개념을 이해시키기 위해, 자주 쓰이는 자동사와 타동사 의 짝을 15개 다루었다.

  ①~⑥은 자동사와 타동사의 개념의 기본적인 차이를 가장 알기 쉽게 인상을 주기 위 한 것으로, 「人が直接手を触れなくても物が自ら動いたり変化したりするかどうか」에 서 그 차이를 나타낼 수 있다.

  ⑦~⑫는 「人が物に働きかける動作」에 초점이 있는지 「人が物に働きかけた結果の物 の変化や動作」에 초점이 있는지에서 그 차이를 나타낼 수 있다.

  ⑬~⑮는 움직이게 하는 대상이 사물이 아니고, 사람(동물)인 것을 모았다. 여기서는 「意志を持って自ら動作を行うかどうか」에서 그 차이를 나타낼 수 있다.

  이 분류는 학습자에게 자동사와 타동사의 개념을 이해시키기 위해 편의상 만들어 놓 은 것이므로, 여기에서 소개한 세 가지 관점에서 모든 자동사와 타동사에 대하여, 분 류, 설명할 수 있다고 학습자가 오해하지 않도록 주의한다.
· 교재에서는 「入る」「入れる」의 차이를 「おふろに入る。」와 「おふろに入れる。」라는

⑬〜⑮의 관점에서 나타내고 있다. 그러나, 「荷物がかばんに入る。」와 「荷物をかばんに入れる。」와 같이, ⑦〜⑫의 관점에서 그 차이를 나타내는 것도 가능하다. 이처럼 자동사와 타동사의 개념의 차이를 나타내는 관점과 동사의 짝의 관계가 고정적인 것이라고 학습자가 믿어 버리지 않도록 주의하여 지도한다.

✱ 교재 「新분카일본어Ⅰ・Ⅱ」의 권말에 자동사와 타동사등 모은 표(「形の似ている自動詞と他動詞」)가 나와 있으므로, 학습자에 따라 소개하는 것도 좋다.

1   電源を入れてもつかないんです。

・조건을 만족시키고 있음에도 불구하고, 결과가 수반되지 않는 경우의 조건을 나타내는 「〜ても」를 학습한다.

・조건을 나타내는 표현 「〜と」「〜ば」「〜たら」와 「〜ても」의 관계는 다음과 같다.

    ① 砂糖を入れると甘くなります。 （제12과 문형 6）

      ↔ 砂糖を入れても甘くなりません。

    ② 練習すれば弾けます。 （제22과 문형 4）

      ↔ 練習しても弾けません。

    ③ 空港に着いたら電話します。 （제31과 문형 3）

      ↔ 空港に着いても電話しません。

・여기에서 학습하는 「〜ても」는 위의 ①이고, 대응하는 「〜と」의 용법이 전건이 성립하면, 그 결과 후건에서 서술한 사항이 자연스럽게 일어나는 것에 한정된다. 교과서의 예문과 「〜と」의 관계는 다음과 같다.

    예문 1) (今は)ボタンを押しても切符が出ない。

      ↔ (いつもは)ボタンを押すと、切符が出る。

    예문 2) このコップは落としても、割れない。

      ↔ (他のガラスの)コップを落とすと、割れる。

・「いくら読んでもわかりません。」과 같이, 회수나 빈도를 나타내는 단어와 함께, 노력했지만, 성공하지 못한 것을 나타내는 표현은 제35과 문형 5에서 학습한다.

※ 私は夜遅く寝ても、次の朝、早く起きられます。

자신의 특기나 성질, 본질 등에 관하여 서술한 표현을 소개하기 위해 실었다. 교과서의 예문 1), 2)와는 달리, 대응하는 「〜と」의 후반에서 서술하는 사항이 자연스럽게 일어나는 것에 한하지 않는다. 자주 듣는 용법이지만 여기서는 예문 1), 2)의 용법과 혼동을 피하기 위해, 「私はたくさん食べても、太らない。」등 가까운 예를 소개하여 의미를 확인하는 데 그친다.

➡ 권말 「〜ても」참조

| **2** | 故障したんじゃなくて、／のではなくて、電池がなくなったんです。 |

- 상대의 오해나 생각을 정정할 때에 사용하는 표현 「〜んじゃなくて」를 학습한다.
- 동사는 「기본체＋んじゃなくて」가 되지만, 명사는 「사전형＋じゃなくて」가 되는 것에 주의한다.
- 예문 2), 3)과 같이 「んじゃなくて」의 앞의 형태가 기본체 현재형인 것과 과거형인 것 모두 연습한다.

➡연습 d

| **3** | 電池の方向を間違えると、こわれることがあります。 |

- 가능성이 있는 것을 서술할 때에 사용하는 표현 「〜ことがある」를 학습한다.
- 「〜ことがある」의 앞의 형태는 동사의 기본체 현재가 된다. 앞의 형태가 기본체 과거로 경험을 서술한 표현은 제22과 문형 2에서 학습했다.
- 여기서는 상대에 주의나 경고를 전하는 장면에 한해 연습한다.

🔘권말 「〜ことがある」 참조

🔷 연습

d · 문형 2에서 학습한 표현을 사용하여 연습한다.

引っ越し

· 이사의 모든 수속에 대해 안다.
· 「～ている」를 사용하여, 상대에게 주의를 촉구하거나 고통을 서술할 수 있다.

학습 문형

1. 壁が汚れています。
2. 段ボール箱を集めておきます。
3. 食器は、割れないように、新聞紙で包んでおきます。
4. 中身を入れたまま運ぶと危ないです。
5. 重くて持てません。

본 문

❶ エアコンもついています。

▧ 장면

敬子가 부동산에서 안내를 받아, 東中野의 방을 보러 간다.

❋ 제15과에서, 西条敬子가 3개의 방을 비교·검토하고, 東中野의 방으로 결정한 이유나, 東中野
  의 방의 구조 등을 생각해 내게 하면 좋다.

▧ 어휘/표현

① 少し古いですが、明るくていい部屋でしょう。
   そうでしょう。
   동의를 구하는 표현이다.
   제17과 문형 1에서 「九州地方は雨でしょう。」를 학습했는데, 그것과는 달리 상승 억양으
   로 하여, 상대의 동의를 구하는 표현인 것임에 주의한다.
   ➡ 연습 a
② エアコンもついていますよ。
   방에 붙어 있는 것을 설명하는 표현으로서 「～がついている」로 이해, 연습시킨다. 「(誤)

この部屋には和室がついています。」와 같은 오용이 나오지 않도록 주의한다. 문형 1에서는 어떤 사건의 결과로 발생한 상황을 서술하는「自動詞＋ている」를 학습한다.

➜ 연습 b

③ 思ったより広いですね。

실제로 본 인상이 화자의 예상 이상이었을 때 사용하는 표현이다.

④ どうしますか。

상대에게 결정을 재촉하는 표현이다. 상대에게 이렇게 들으면, 거절하거나 좀더 생각해 보고 싶을 때의 표현으로,「ここはちょっと…。」「まだわからないのでちょっと待ってください。」등을 소개해도 좋다.

⑤ じゃ、ここに決めます。

「決める」는 제11과 문형 10「もう学校を決めましたか。」에서 학습했다. 조사「を」를 쓸 때와「に」를 쓸 때의 차이를 나타내기 위하여,

「受験する学校を決めました。」(총칭을 사용하여 결정된 내용을 서술한다.)

「東都大学に決めました。」(구체적인 명칭을 들어 결정된 내용을 서술한다.)

와 같은 예문을 들면 좋다.

⑥ それでは、手続きをしますから、もう一度事務所へ来てください。

어떤 사항을 받아들여 다음 행동으로 옮길 때의 표현이다.

🗶 문형

1　　壁が汚れています。

- 어떤 사건의 결과로 발생한 상태를 나타내는「自動詞＋ている」를 학습한다.
- 고장 등 예기치 않은 부적합한 상태를 발견하고, 상대에게 주의를 촉구하거나, 고통을 서술하는 장면의 예를 들었다. 상대에게 주의를 촉구하는 경우에는 예문 1), 4)와 같이 문장 끝에「〜よ。」를 붙여 말하면 좋다.
- 예문 2)「〜をお願いしたいんですが…。」는, 업자 등에게 무언가를 의뢰할 때 자주 쓰이는 표현이므로 여기서 학습하면 좋다.
- 예문 3)은 손님이 물을 엎지른 것이 아니라, 손님이 자리에 앉기 전부터 테이블에 물이 엎질러져 있었다는 설정이다. 손님이 오기 전에 테이블을 깨끗이 하지 않았던 자신의 실수라고 웨이트레스가 사과하고 있다. 손님이 스스로 물을 엎질렀을 때는 이 표현은 사용하지 않는 것을 확인한다.
- 본문 1에 오는「エアコンもついています。」는, 여기서 학습하는 용법과는 다르므로〔본문 1② 참조〕학습자가 혼란을 느끼지 않도록 주의한다.

➜ 연습 c

➡ 권말「〜ている」참조

a ・문형 1에서 학습한 상대에게 동의를 구하는 「〜でしょう。」와, 그 응답을 연습한다. 다만, 이 같은 동의를 구하는 것은, 자신의 주관을 상대에게 강요하는 것이 되므로, 윗사람에 대해서는 실례가 된다. 「〜でしょう。」의 연습뿐만 아니라, 대답하는 것도 확실히 연습한다.

・교과서용 테이프를 사용하여 「〜でしょう。」의 억양에 주의하며 연습한다.

b ・본문 1에서 학습한 「〜がついている」를 사용하여, 방 배치나 설비에 관하여, 자신의 요구를 상대에게 전하는 표현을 연습한다.

c ・문형 1에서 학습한 표현을 사용하여, 고장 등의 예기치 못한 사태를 발견하고, 상대에게 주의를 촉구하는 표현을 연습한다.

❷ 引っ越し準備

☒ **장면**

처음으로 이사를 하는 사람을 위해 쓰여진 주택 정보지 기사이다. 짐꾸리기나 수속에 관하여 설명하고 있다.

○ 여기에서는 이사할 때에 필요한 여러 가지 수속을 소개하고, 학습자가 전입할 때 참고가 되도록 했다. 학습자에 따라, 이 이외의 모든 수속을 소개해도 좋다.

☒ **어휘/표현**

① 食器などは、割れないように、<u>ひとつずつ</u>新聞紙で包んでおきます。
「ずつ」를 사용한 표현으로, 「二つずつ」「一人ずつ」등도 여기서 소개하면 좋다.

☒ **문형**

2 | 段ボール箱を<u>集めておきます</u>。

・뒤의 상황을 고려하여, 미리 준비할 동작, 행위를 나타내는 표현 「〜ておく」를 학습한다.

・이 문형은 제36과 문형 3에서 학습할 「〜てある」와는 달리, 준비 동작을 나타내는 점이 이해의 포인트가 된다. 여기서는 사람의 동작을 나타낸다는 점을 잘 이해시키기 위해 「〜ておきませんか。」「〜ておいてください。」등 권유나 의뢰의 표현으로서 사용하는 예를 많이 들었다.

➦ 연습 d

3 | 食器は、割れない<u>ように</u>、新聞紙で包んでおきます。

・후건의 행위의 목적을 전건에서 나타내는 「ように」를 학습한다.

・이 문형의 전건에 나오는 것은, 자신의 의지로는 직접 조작할 수 없는 사항으로 아래

와 같은 것이다.

  (1) 사물의 변화를 나타내는 자동사 문형

    例) <u>汚れがよく落ちる</u>ように水につけておく。

     <u>食器が割れない</u>ように新聞紙で包んでおく。

  (2) 가능의 의미가 있는 문형

    例) <u>朝早く起きられる</u>ように、目覚し時計をかける。

     <u>後で中身がすぐわかる</u>ように箱に名前を書いておく。

  (3) 무의식적인 동작(부정형)을 나타내는 문형

    例) <u>忘れない</u>ように、メモする。

     <u>なくさない</u>ように、かばんに入れる。

  (4) 후반의 동작주 이외의 동작을 나타내는 문형

    例) <u>みんなが必ず見る</u>ようにドアのところに掲示する。

     <u>子供が触らない</u>ように高いところにしまう。

  (5)「〜やすい」를 사용한 문형

    例) <u>食べやすい</u>ように小さく切っておく。

여기서는, (1)과 (2)의 용법을 중심으로 예문을 들었다. 예문 4)는 상기의 (3)의 용법이지만, 학습자가 일상에서 자주 듣는 것으로써 여기서 다루었다. 수업할 때에는 (1)과 (2)의 용법을 중심으로 연습한다.

· 「ために(安全なカップを作るために社員が研究しています。)」는 제33과 문형 5에서 학습한다.

⊠ 연습

d · 문형 2에서 학습한 표현을 사용하여, 상대에게 충고하는 연습을 한다.

❸ 中身を入れたまま運ぶと危ないです。

⊠ 장면

敬子가 東中野의 방으로 이사하고 있는 모습이다.

⊠ 어휘/표현

① <u>こちら</u>からお願いします。

② それは<u>こちら</u>で運びますので、置いといてください。

  ①은 장소를 나타내는 「こちら」인데 반해, 2)는 이사 업체의 사원이 보고 「私たち」라는 의미에서 사용되고 있다. 2)처럼 쓰일 때에는 업자에게 무언가를 요구해서 교환할 때 자주 사용하는 것으로 의미를 확인한다.

③ それはこちらで運びますので、<u>置いといて</u>ください。

  「置いておいてください。」의 축약형이다. 회화에서는 보통 이 형태가 쓰인다.

4 中身を入れたまま運ぶと危ないです。

- 어떤 동작의 결과의 상태가 변화하지 않고 계속 이어지고 있는 표현 「〜まま」를 학습한다.
- 여기서는 「기본체 과거＋まま」의 형만 연습한다. 「〜ないまま(用件を聞かないまま電話を切ってしまった。)」와 같은 형도 있지만, 예가 적으므로 여기서는 연습하지 않는다.
- 「中身を入れたまま」는 「中身を出さないで」로 바꿔 쓸 수 있다. 「〜ないで」〔제21과 문형 1)는 「何かをしない状態で」라는 의미가 있는 데 반해, 「〜まま」는 「ある状態が前と変わらない／やりっぱなしになっている」라는 것을 나타낸다. 또, 「〜まま」와 「〜ないで」는 말이 바뀌면 부자연스러워지는 경우도 있으므로 주의한다.

  例)　席がなかったので立ったままコーヒー飲みました。

  　　　?席がなかったので座らないでコーヒーを飲みました。

➡연습 e

5 重くて持てません。

- 전건이 후건의 사건의 원인・이유가 되는 「〜て」를 학습한다.
- 여기서 학습할 것은, 「ある状態が原因で、〜できない。」라는 형태가 되는 것이다. 교과서에는 전건의 상태를 나타내는 부분이 い형용사인 것만을 예로 들었지만, 그것 이외에도, 상태를 나타내는 동사(いる、ある 등)나 「〜すぎる」를 사용한 표현도 있다. 학습자에 따라 아래와 같은 문장도 소개하면 좋다.

  例) このカレーは辛すぎて食べられません。

  　　人がおおぜいいて、中に入れません。
- 후건에 화자의 감정이 오는 「〜て」의 용법은 제34과 문형 3에서 연습한다.

➡권말 「〜て(原因・理由)」 참조

e ・문형 4에서 학습한 표현을 사용하여 연습한다.

 **28 送ってくれてありがとう**

· 사람으로부터 받은 호의에 대하여 감사의 말을 할 수 있다.
· 수수 표현을 사용하여 누군가에게 받은 것이나 해 주려고 생각하고 있는 내용에 관해 말할 수 있다.

학습 문형

1. 母：誰がこの写真を撮ってくれたの？
   武：京子さんが撮ってくれたんだ。
2. 母：誰に送ってもらったの？
   良子：武さんに送ってもらったの。
3. （１）うちを出る時、私は母に今日は遅くなると言いました。
   （２）武さんのうちへ行った時、CD を借りました。
4. 武さんにセーターを編んであげるつもりです。
5. マフラーしか編めません。
6. （１）良子：明日、銀河亭で待ち合わせをしましょう。
      京子：その店はどこにあるんですか。
   （２）良子：明日、新宿駅の東口で待ち合わせをしましょう。
      京子：あそこは人が多すぎるから、別の場所にしましょう。

본　문

❶ 式さんが送ってくれました。

✖ 장면

귀가 시간이 늦어져서, 武가 良子를 차로 집까지 배웅한다. 良子는 式에게 오늘 하루에 대한 감사의 인사를 하고, 집으로 돌아와, 어머니에게 오늘 하루 일을 이야기한다.

ㅇ 武이 良子 중 어느 쪽이 호의를 주는 쪽이고, 어느 쪽이 받는 쪽인지를 이해시킨다.

① <u>だいじょうぶよ。今朝、うちを出る時、遅くなるって言っておいたから。</u>

「今朝、うちを出る時、遅くなるって言っておいたから、だいじょうぶよ。」의 도치이다.

② じゃ、<u>また来週。</u>

다음 주에 만나는 것이 확실한 상대에 대하여, 헤어질 때 쓰는 표현이다. 제25과 본문 2에서 「じゃ、またね。」를 학습했다. 「また明日。」「また今度。」(다음에 언제 또 만날지 모르는 경우) 등의 표현도 맞춰 소개하면 좋다.

③ <u>おやすみなさい。</u>

<u>おやすみ。</u>

두 가지 표현은 잘 때 하는 인사이지만, 밤 늦게 헤어질 때에도 「さよなら」 대신에 사용한다.

◈ 문형

1
> 母：誰がこの写真を撮ってくれたの？
> 武：京子さんが撮ってくれたんだ。

- 호의를 주고받음을 나타내는 「〜てくれる。」를 학습한다. 사물의 주고받음을 나타내는 「くれる」는 제25과 문형 4에서 학습했다.
- 호의를 주는 쪽과 받는 쪽의 관계는 「くれる」와 마찬가지이다. 〔제25과 문형 4 참조〕

    1. 제삼자 —(호의)→ 「私」 혹은 「私の家族」　… 예문 1), 2)(ワン의 발화), 3), 4)

    2. 제삼자 —(호의)→ 이야기하는 상대　… 예문 2)(リー의 발화)

- 「〜てくれる。」는 동사에 따라 수반하는 조사가 다르므로 학습자가 혼란을 일으키지 않도록, 동사를 정리해서 다음의 세 가지 형을 가르친다.

    1.「(호의를 주는 쪽)が(받는 쪽)に〜てくれる。」　… 예문 1), 2)

      <動詞>　教える、書く、貸す、ごちそうする、(物を)送る など

    2.「(호의를 주는 쪽)が(받는 쪽)を〜てくれる。」　… 예문 3)

      <動詞>　(人を)送る、(人を)連れて行く、(人を)迎えに来る　など

    3.「(호의를 주는 쪽)が(받는 쪽)の(사물)を〜てくれる。」　… 예문 4)

      <動詞>　(宿題を)みる、(荷物を)持つ、(仕事を)手伝う など

다만, 같은 「送る」라는 동사라도 「(人)に(物)を送る」의 경우는, 예문 2)와 같이, 「ワンさんにいろいろな物を送ってくれるのね。」가 되는 것에 비해, 앞 페이지 2.와 같이 「(人)を送る」의 경우에는 「武さんが私を送ってくれました。」가 된다. 이와 같이 조사와 동사가 반드시 1대1 대응을 하는 것만은 아니므로 주의한다.

- 「(호의를 주는 쪽)が(받는 쪽)に〜くれる。」의 받는 쪽이 「私」인 경우에는 「私に」의 부분을 생략하는 편이 자연스럽다. 그러나 받는 쪽이 「私の家族」나 「이야기하고 있는 상대」인 경우에는 생략하지 않는 쪽이 많으므로, 1.〜3.의 조사와 명사의 조합이 정착

하도록 지도한다.

· 「〜てくれる。」는 주는 쪽에 시점이 있으므로, 연습 a와 같이 주는 쪽의 호의를 받고, 감사하다고 말하는 연습을 하는 것도 좋다.

➡ 연습 a

⬀ 권말 「あげる、もらう、くれる」 참조

2
> 母 : 誰に送ってもらったの？
> 良子 : 武さんに送ってもらったの。

· 호의의 주고받음을 나타내는 「〜てもらう」를 학습한다. 사물의 주고받음을 나타내는 「もらう」는 제24과 문형 4에서 학습했다.
· 「〜てもらう。」는 「〜てくれる。」와 마찬가지로 무언가 은혜를 입었을 때 사용한다. 「〜てくれる。」에는 받는 쪽이 「私」「自分の家族」「話している相手」라는 제약이 있지만, 「(받는 쪽)가(호의를 주는 쪽)에〜てもらう。」에는 이 같은 제약이 없다. 또 「(주는 쪽)に」의 부분은, 어떤 동사라도 변하지 않는다.
· 「〜てもらう。」는 받는 쪽에게 시점이 있고, 의뢰했다는 뉘앙스를 포함하기 때문에 연습 b와 같이 다른 사람에게 부탁하여 무언가를 해 받는 연습을 하면 좋다.
· 「貸す」「借りる」「見せる」등 방향성이 있는 동사는 예문 2)「(私は)日本人の友達に(着物を)貸してもらいました。」라고 말해야 할 때, 「(私は)日本人の友達に(着物を)借りてもらいました。」와 같은 오용을 하는 경우가 많다. 「〜てもらう」의 연습을 하기 전에 각각의 동사의 의미, 사용 방법을 확인해 두면 좋다.

➡ 연습 b

⬀ 권말 「あげる、もらう、くれる」 참조

3
> （1）うちを出る時、私は母に今日は遅くなると言いました。
> （2）武さんのうちへ行った時、CD を借りました。

· 어떤 동작이 완료되기 전의 시점을 나타내는 「(行く)時」와, 어떤 동작이 완료된 후의 시점을 나타내는 「(行った)時」를 학습한다.
· 어떤 때인지를 한정하여 말하는 표현 「〜時」(「講義がよくわからない時は、友達に聞きます。」)는 제13과 문형 9에서 학습했다.
· 「行く時」와 「行った時」의 차이를 예문과 표로 나타내면 다음과 같다.
　예 1) ディズニーランドへ行く時、京葉線に乗ります。／ました。
　　　（디즈니랜드에 가기 전의 사건）
　예 2) ディズニーランドへ行った時、ミッキーマウスの写真を撮ります。／撮りました。
　　　（디즈니랜드에서의 사건）

・학습자는「行った」라는 형으로 받아들여,「明日、デパートへ<u>行った時</u>、買うつもりです。」와 같이 미래에 일어날 일을 나타내는 문장 속에 사용되는 것을 이해하기 어려워하는 것 같다.
　이「行った時」는 과거의 사실을 나타내는 것이 아니라「デパートへ行く」라는 동작이 완료된 때라는 의미이다.

・여기서는「行く」「来る」「帰る」「出る」등, 이동을 나타내는 동사에 한해서 연습한다.

▨ 연습

a ・문형 1에서 학습한 표현을 사용하여 연습한다.

＊ 여기서의 회화는 친구들 간에 쓰이는 것이다. 윗사람에게는「～てくださってありがとうございました。」을 사용한다. 학습자의 필요에 따라 여기서 소개하는 것도 좋다.「～てくださいました。」는 제29과 문형 2에서 학습한다.

b ・문형 2에서 학습한 표현을 사용하여 연습한다.

❷ 武さんにセーターを編んであげるつもりです。

▨ 장면

본문 1에 이어져서, 武에게의 고마움에 대하여, 良子가 엄마나 남동생과 이야기한다.

▨ 어휘/표현

① それに、もうすぐ武さんのお誕生日だから、セーターを編んであげよう<u>かな</u>。
　혼잣말같이 자기 자신에 묻는 표현이다.
② お姉ちゃんはマフラーしか編んだことがない<u>じゃない</u>。
　「編んだことがないでしょう。」와 같은 의미이다.「ないじゃない」의 억양에 주의한다.
③ まあ、<u>失礼</u>ね。
　친한 사람이 놀려서 기분이 상했을 때 여성이 쓰는 표현이다. 윗사람에게 사용하면 실례가 되므로 주의한다.

▨ 문형

4 　武さんにセーターを<u>編ん</u>であげるつもりです。

・호의의 주고받음을 나타내는「～てあげる」를 학습한다. 사물의 주고받음을 나타내는「あげる」는 제24과 문형 3에서 학습했다.

・상대를 위해 무엇인가 할 것을 자청하는 경우는,「今度、私の国の料理を作ってあげます。」나「荷物を持ってあげましょうか。」등, 상대에게 직접「～てあげる」를 사용하면 마치 강요하는 듯한 인상을 줄 수 있다. 이 교재에서는, 다음의 세 가지 기준을 설정

하여, 이 세 가지를 모두 만족하는 내용의 것을 예문으로 다루었다.
    (1) 장면   : 행위를 받는 상대가 그 장소에 없다.
    (2) 인간관계   : 친구와 가족에 한한다.
    (3) 행위의 내용 : 상대가 희망하고 있는 것으로, 상대에게 있어서 부담이 적은 것
· 상대에게 직접 말하는 경우는 「持ちましょうか。」등의 표현을 사용하도록 지도한다.
· 문형 1 「～てくれる」와 마찬가지로, 동사에 따라 조사가 바뀌는 것에 주의한다.
❍ 권말 「あげる、もらう、くれる」참조

5　マフラー<u>しか</u>編めません。

· 사물의 범위나 정도를 한정하는 표현 「名詞＋しか」를 학습한다.
· 한정하는 표현은 제7과 문형 7에서 「だけ」를 이미 학습했다. 이 두 가지 표현은 범위
  나 정도를 한정한다는 의미에서 비슷하지만, 「しか」가 항상 부정형을 수반하여 쓰이
  는 것에 반해, 「だけ」는 긍정형에서도 쓸 수 있다.
· 예문 1), 2)와 같이 정도가 낮고 혹은 수량이 적다고 말한 것을 강조할 때에도 「名詞
  ＋しか～ません。」의 형태를 사용한다.
· 술이 글라스에 반 정도 남았을 때, 술을 좋아하는 사람은 「半分しかない。」라고 하고,
  술을 좋아하지 않는 사람은 「半分もある。」라고 말하듯이 화자가 받아들이는 것에 따
  라, 「しか」를 사용할지 「も」를 사용할지가 변한다. 그리고 「も」에 대해서는 제18과
  본문 2와 제24과 본문 2에서 이미 나왔다.

❸ あの店、覚えてる？

❉ 장면

본문 2에서 이어져, 良子는 武와 갔던 레스토랑에 관하여 가족과 이야기한다.

○ 이 회화의 화제가 되고 있는 「銀河亭」를 누가 알고 있고, 누가 모르고 있는지를 이해시킨다.

❉ 어휘/표현

① <u>六本木のどこで</u>食事をしたの？
　　「来月のいつ」「このクラスの誰」등도 같이 소개한다.
② 銀河亭っていう古くてすてきなレストランよ。
　　제19과 문형 2에서 「山崎伸ちゃん<u>という</u>3歳の男のお子さんが～。」를 학습했다. 이것은
　　그 축약형이다.
③ <u>ねえ</u>、お父さん、あの店、覚えてる？
　　가족과 친구 등의 사이에서 친밀감을 내포하여 부르는 표현이다.
④ <u>どんな所なの、そこ。</u>
　　「そこ(は)、どんな所なの？」의 도치이다.

6

> （1）　良子：明日、銀河亭で待ち合わせをしましょう。
> 　　　京子：<u>その店</u>はどこにあるんですか。
>
> （2）　良子：明日、新宿駅の東口で待ち合わせをしましょう。
> 　　　京子：<u>あそこ</u>は人が多すぎるから、別の場所にしましょう。

・문맥 지시의 「こ・そ・あ」를 학습한다. 다만, 여기서는 「こ」의 계열은 다루지 않았다.
・이야기를 하고 있는 사람들 중 한 쪽이 화제가 되고 있는 사항을 모르는 경우,「その 店はどこにあるんですか。」와 같이 「そ」의 계열(「それ」「その」「そこ」)을 사용한다. 이야기를 하고 있는 사람들이 서로 화제가 되고 있는 사항을 알고 있을 때에는, 「あ の店はよかったですね。」와 같이 「あ」의 계열(「あれ」「あの」「あそこ」)을 사용한다.

お見舞い

· 상하의 인간 관계를 이해하고, 대우 표현을 사용할 수 있다.
· 편지의 서식을 이해한다.

1. 西田先生が (私に) 花を<u>ください</u>ました。
   (私は) 西田先生<u>に</u>花を<u>いただき</u>ました。
2. 先生の奥さんが洗濯を<u>してください</u>ました。
   先生の奥さん<u>に</u>洗濯を<u>していただき</u>ました。
3. 今、<u>終わったところ</u>です。
4. いろいろな人と日本語で話す<u>ようにしています</u>。

❶ 西田先生が花をくださいました。

▧ 장면

アンジニが 입원해 있는 병원에, 萩原선생님이 병문안 온다.

○ 이 본문에서는 アンジニ와 萩原, 西田, 遠藤의 상하 관계와, 그 사이에서 행해지는 행위의 교환을 중심으로 이해한다.

✽ 萩原는 여성이 쓰는 반말체로 이야기하고 있다. 남성 학습자를 고려하여, 수업에서는 萩原 부분을 남성어로 바꾸어서 연습하면 좋다.

▧ 어휘/표현

① 今、<u>だいじょうぶ</u>？
   몸 상태를 묻고 있는 것이 아니라, 지금 바쁘지 않은지, 자신과 이야기할 시간이 있는지를 묻고 있는 것을 확인한다.
② <u>お食事は</u>？
   「もう終わりましたか。」가 생략되어 있다.

③ <u>おかげさまで</u>もうだいぶいいんですよ。

상대의 염려에 대해 감사의 뜻을 나타내는 표현이다.

④ そう、それは<u>よかった</u>わ。

「いい結果でよかった。」라는 것을 나타내는 표현이다.

⑤ でもアンジニさんが入院した<u>って聞いた</u>時は、本当にびっくりしたわ。

제24과에서는 「～って(言ってた)。」를 학습했다.

「～って」가 「聞く」라는 동사에 접속하는 것은 여기서 처음 나온다.

⑥ <u>それで？</u>

상대에게 이야기를 계속할 것을 재촉하여, 결과를 묻는 표현이다. 「それでどうなったの
か」「それでどうしたのか」의 의미이다.

⑦ <u>ところで</u>、洗濯はどうしているの？

이제까지의 화두를 그만두고, 새로운 화두를 꺼낼 때의 표현이다.

⑧ ところで、洗濯は<u>どうしているの</u>？

습관적으로 어떻게 대처하고 있는지 물을 때의 표현이다.

⑨ あ、<u>そうだわ</u>、これ、歌のテープ。

무언가를 생각해냈을 때 쓰는 표현이다. 남성은 「そうだ」를 쓴다.

🔷 문형

1

> 西田先生が (私に) 花を<u>くださいました</u>。
> (私は) 西田先生に花を<u>いただきました</u>。

- 상대가 윗사람일 때 사용하는 표현 「いただく」「くださる」를 학습한다. 「もらう」는
  제24과 문형 4에서, 「くれる」는 제25과 문형 4에서 학습한다.

- 이 문형에서는, 「私に」「私は」의 부분은 생략된 것이 많기 때문에, 누가 주는 쪽이고
  누가 받는 쪽인가라는 것과 양자의 상하 관계를 확인한다.

- 「課長は部長に映画の切符をいただいたそうです。」와 같이, 제삼자끼리의 수수 표현은
  여기서는 다루지 않았다. 자신과 상대방 또는 제삼자 사이에서의 수수만 연습한다.

※ 이 앙케트에 대답해주신 분에게 커피잔을 드립니다!

　子猫さしあげます。

「さしあげる」는, 어찌 보면 정중한 표현 같지만, 「あなたのために」라는 화자의 호의
가 문장에 나타나 있기 때문에 「あなたにこの本をさしあげます。」처럼 상대를 향해서
직접 말하면 마치 강요하는 듯한 인상을 준다. 또 상대가 그 장소에 없어도, 마찬가
지로 강요하는 듯한 인상이 따르기 쉽다. 그래서 여기에서는 불특정 다수에 대하여 사
용되는 경우만 참고로서 제시했다. 학습자는 의미만 이해하면 좋다.

➡ 권말 「あげる、もらう、くれる」 참조

2　先生の奥さんが洗濯をしてくださいました。
　　　先生の奥さんに洗濯をしていただきました。

- 상대가 윗사람일 때에 사용하는 표현 「~てくださる」「~ていただく」를 학습한다. 「~てくれる」는 제28과 문형 1에서, 「~てもらう」는 제28과 문형 2에서 학습했다.
- 제28과 문형 1(~てくれる)에서는 조사의 사용을 자세히 학습했지만, 여기에서 다루는 예문은 호의를 받는 사람을 「私」로 한정하고 있기 때문에, 무리하게 「私」를 넣어 조사의 쓰임을 연습할 필요는 없다.
- 예문 4)와 같이, 윗사람에게 직접 감사를 말하는 표현도 연습하면 좋다. 예문 4)의 린이 말한 「萩原先生、」는 사람을 부르는 표현이다. 학습자가 잘못 알고 「(誤)萩原先生は、先日は辞書を貸してくださってありがどうございました。」와 같이 말하지 않도록 주의한다.
- 「~てさしあげる」는, 이 교재에서는 다루지 않는다. 윗사람이나 그다지 친하지 않은 상대에 대하여 무언가를 할 때에는 「お送りします。」「お待ちします。」와 같이 겸양어(제30과 문형 2)를 사용하도록 지도한다.

❺권말 「あげる、もらう、くれる」 참조

3　今、終わったところです。

- 지금 막 그 행위가 완료되었다는 의미로 사용되는 「~たところ」를 학습한다.
- 이 「ところ」에는 장소의 의미는 없는 것을 확인한다.
- 여기에서 학습할 것은, 아래와 같은 발화 의도를 가진 것이다.
    1. 약간의 시간의 엇갈림으로 어떤 상황이 성립되지 못한 것 … 예문 1), 2)
    2. 때마침 알맞게도 지금 막 어떤 상항이 성립되지 못한 것　… 예문 3)
- 「~ているところ(検査をしているところです。)」는 제33과 문형 3, 「~るところ(始まるところです。)」는 제35과 문형 3에서 학습한다.

❺권말 「~ところ」 참조

❷ お礼の手紙

❖ 장면

본문 1에서 병문안 왔던 萩原선생님에게, アンジニ가 쓴 감사의 편지이다.

○ 머리말, 맺음말, 날짜나 이름 쓰는 법 등, 기본적인 편지 형식을 여기에서 소개한다.

○ 일반적으로 「拝啓」 뒤에는 계절 인사가 오지만, 이 본문에서는 생략했다.

○ 이 편지는 윗사람에게 쓴 것이어서 형식적이지만, 친구에게 쓸 때는 반드시 이 형식이 아니어도 좋다.

○ 봉투 쓰는 법에 대해서도 소개한다.

① 看護婦さんや周りの人がみんな親切なので、安心しました。

「ので」는 제14과 문형 2에서 학습했지만, 여기서는 「ので」 앞의 접속형태와, 문말의 형을 제한하여 제출했다. 이 문장과 같은, 「現在形＋ので、〜過去形。」의 형은 여기서 처음 나왔다.

② 日本語を使ういい機会なので、いろいろな人と日本語で話すようにしています。

日本語のいい勉強になるので、退院するまでに歌詞を覚えるつもりです。

이 두 가지 명사 수식은, 수식 관계가 복잡하기 때문에, 학습자는 의미만 알면 된다.

③ 先生がくださったテープ、毎日聞いています。

테이프의 뒤에 「を」가 생략되었다.

④ 先生がくださったテープ、毎日聞いています。

습관을 나타내는 「〜ている」의 용법은 처음 나온다. 여기서는 의미만 알면 된다.

⑤ では、ほかの先生方にもよろしくお伝えください。

「〜たち」의 정중한 형이다. 「(誤)看護婦さん方」와 같은 오용이 나오기 쉬우므로, 여기서는 「先生方」만 이해하고 쓸 수 있도록 하면 좋다.

🔷 문형

4 | いろいろな人と日本語で話すようにしています。

· 노력하고 있다는 것, 항상 주의하고 있다는 것을 나타내는 표현 「〜ようにしている」를 학습한다.

· 예문 1) 「健康のために」는, 여기서 처음 나온다. 「ために」는 제33과 문형 5에서 학습한다. 여기서는 의미만 알아도 좋다.

✱ 건강을 위해 하고 있는 것이나 일본어를 능숙하게 하기 위해 노력하고 있는 것 등을 발표시키면 좋다.

# 30 もう少し召し上がりませんか。

- 경어를 사용하여 전화로 간단한 응대를 할 수 있다.
- 친밀감과 소원함, 사회적 입장에서의 상하 관계를 이해하고, 적절한 대우 표현을 사용하여 이야기할 수 있다.

1. A：由美さんは<u>いらっしゃいますか</u>。
   B：いいえ、由美は今<u>おりません</u>が。
2. A：由美さんは<u>いらっしゃいますか</u>。
   B：いいえ、由美は今<u>おりません</u>が。
3. すみませんが、ナプキンを取<u>っていただけませんか</u>。

❶ 由美さんはいらっしゃいますか。

▨ 장면

渡辺 조교수가 佐々木의 집에 전화를 걸고 있다.

○ 佐々木由美의 어머니가 자신의 가족인 由美의 일에 대해 쓰고 있는 표현(「由美」「おりません。」「言っておりました。」)과, 渡辺가 由美에게 쓰고 있는 표현(「由美さん」「いらっしゃいますか。」「お帰りなりますか。」)의 차이에 주목시키고, 화제가 되고 있는 인물과의 관계에 따라 표현이 바뀐다는 것을 이해시킨다. 제11과 문형 1의 「私の家族」「吉田さんのご家族」에서 가족의 명칭이 다른 점을 학습한 것을 떠오르게 하면 좋다.

○ 제25과 본문 1에서는 상대를 불러 내는 장면을 학습했는데, 여기서는 상대가 부재중일 때의 예로서 외워 말할 수 있게 될 때까지 연습한다.

▨ 어휘/표현

① <u>私</u>、渡辺と申します。

이 교재에는 「私」의 읽는 방법을 「わたし」로 통일했지만, 여기서는 「わたし」의 정중한 표현으로써 「わたくし」를 사용했다. 또, 「わたくしは渡辺と申します。」라고 하지 않고, 조사를 생략하여 말하는 것이 자연스럽다.

❷ はじめまして。アルン・アマラポーンと申します。

⊠ 장면

渡辺 조교수의 소개로 佐々木와 アルン이 처음 만나, 레스토랑에서 식사를 한다.

○ 등장 인물의 인간 관계를 확인하고 나서 본문 학습에 들어간다. 渡辺는 佐々木와 アルン보다 연상이고 대학 조교수이기 때문에, 佐々木와 アルン은 渡辺에 대하여 경어를 사용하고 있다. 佐々木와 アルン은 첫대면이므로, 서로 경어를 사용하고 있다. 또, 웨이트레스는 손님인 세 사람(渡辺、佐々木、アルン)에 대하여 경어를 사용하고 있다.

⊠ 어휘/표현

① それで、アルンさんにいろいろお聞きしたいと思って…。
상대에게 계속해서 이야기할 것을 재촉하는 「それで」는 제29과에서 배웠다. 자신의 상황을 서술한 상태에서, 의뢰나 요망을 서술하는 표현은 처음 나온다. 여기서는 의미만 알아두면 된다.
② 何名様でいらっしゃいますか。
かしこまりました。
가게 등에서 자주 듣는 표현이다. 여기서는 의미만 알아두면 좋다.
③ お一人で日本に住んでいらっしゃるんですか。
「お二人」도 소개한다. 다만, 세 명 이상인 경우는 「(誤)お三人」라고는 하지 않으므로 주의한다.

❸ これ、もう少し召し上がりませんか。

⊠ 장면

본문 2에서 이어져, 세 사람은 레스토랑에서 식사를 한 후, 작별 인사를 한다.

○ 인간 관계는 본문 2와 같다.

○ 식사할 때 자주 쓰는 경어 표현을 구사할 수 있을 때까지 연습한다.

⊠ 어휘/표현

① いただきます。
ええ、いただきます。
거절할 때의 「いいえ、(もう)結構です。」도 소개한다.

② 辛いけどおいしいですねえ、タイ料理は。

「タイ料理は辛いけどおいしいですねえ。」의 도치이다.

③ いいえ、こちらこそ。

감사 인사를 들었을 때 자신도 감사의 뜻을 나타내고 싶을 때에 사용하는 표현이다. 여기서는 의미만 알면 좋다.

④ ごちそうさまでした。

식사 후의 인사와, 대접을 받은 후에 하는 인사가 있지만, 여기서는 후자 때 쓰는 표현이다.

▧ 문 형

> **1**
> A：由美さんは<u>いらっしゃいます</u>か。
> B：いいえ、由美は今<u>おります</u>が。

- 존경어를 학습한다.
- 여기서 경어의 사용을 결정하는 요소는 친밀함과 사회적 입장에서의 상하관계이다. 여기서는 이들 관계에 있어서 경의를 표하는 대상을 경의 대상자라고 부르기로 한다.
- 존경어에는 「食べる→召し上がる」와 같이 새로운 동사를 이용하는 단어와 「撮る→お撮りになる」와 같이 형태가 변하는 단어가 있으므로, 교재 p.184, 185의 표를 이용하여 충분히 연습하고 나서 문형 학습에 들어간다.
- 「なさる→なさいます」와 같이 변칙적인 활용을 하는 것이 있으므로 주의하여 지도한다.
- 각각의 예문에서 경의 대상자와 자신의 관계(친밀함, 사회적 입장에서의 상하관계)는 어떠한지, 동작주는 누구인지, 누가 누구에게 경어를 사용하는지를 확인한다.

➡ 연습 a, b

> **2**
> A：由美さんは<u>いらっしゃいます</u>か。
> B：いいえ、由美は今<u>おります</u>が。

- 겸양어를 학습한다.
- 문형 1과 마찬가지로, 여기서 경어의 사용을 결정하는 요소는 친밀감과 사회적 입장에서의 상하관계이다.
- 겸양어는 자신의 행위에 대하여 사용하는 표현이다.

　① お荷物お持ちしましょうか。

　② じゃ、(お宅に)9時に参ります。

①처럼 자신이 경의 대상자나 그 소유물에 대해 직접 무언가를 하던가, ②처럼 상대에게 수고를 끼치는 경우에 사용한다. 교사에게 학습자가 「(誤)昨日テレビを3時間拝見しました」와 같은 표현을 쓰지 않도록 주의하여 지도한다.
- 존경어와 마찬가지로 겸양어도 새로운 동사를 사용하는 단어와 형태가 바뀌는 단어가 있으므로, 교재 p.184, 185의 표를 이용하여 충분히 연습하고 나서 문형 학습에

들어간다.

· 각각의 예문에서 경의 대상자와 자신의 관계(친밀감, 사회적 입장에서 상하관계)는 어떠한지, 동작주는 누구인지, 누가 누구에게 경어를 사용하는지를 확인한다.

· 예문 5), 6), 7), 8)은 존경어 질문에 겸양어로 답하는 예이다.

➡ 연습 c

3 すみませんが、ナプキンを取っていただけませんか。

· 정중한 의뢰 표현 「～ていただけませんか。」를 학습한다.

※ すみませんが、ナプキンを取ってくださいませんか。

「～ていただけませんか。」와 같은 의미의 표현으로써 소개하기 위해 여기에 실었다.

✱ 「～もらえませんか。」의 형은 이 교재에서는 다루지 않았으므로, 여기서 소개하는 것도 좋다.

➡ 연습 d

⊠ 연습

a · 문형 1에서 학습한 표현을 사용하여 연습한다.

· 「お～ください」는 제21과 문형 4에서 학습했다.

    (해답 예)

    1. どうぞ、ご覧ください。   2. こちらでお待ちください。

    3. どうぞ、お上がりください。   4. どうぞ、召し上がってください。

b · 문형 2에서 학습한 표현을 사용하여 연습한다.

· 3. 「持つ」는 「お持ちになる」라는 경어의 형으로 되어 「持って行く」라는 의미가 되는 것에 주의한다.

    (해답 예)

    1. (おはしを)お使いになりますか。 2. (明日)何時ごろいらっしゃいますか。

    3. (傘を)お持ちになりますか。

c · 문형 2에서 학습한 표현을 사용하여 연습한다.

· 「～ましょうか」는 제9과 문형 3에서 학습했다.

· 연습 b의 「お持ちになりますか。」와 연습 c의 「お貸ししましょうか。」는 같은 장면이지만, 존경어와 겸양어를 둘 다 사용하여 두 가지 방법으로 말할 수 있다. 각각의 동작주가 누구인지 확인한다.

    (해답 예)

    1. (傘を)お貸ししましょうか。   2. お手伝いしましょうか。

    3. (しょうゆを)お取りしましょうか。

d · 문형 3에서 학습한 표현을 사용하여 연습한다.

（解答 例）

1. すみませんが、辞書を貸していただけませんか。

2. すみませんが、写真を撮っていただけませんか。

3. すみませんが、この漢字の読み方を教えていただけませんか。

❹ 何時ごろお着きになりますか。

⊠ 장면

전화로 田中가 호텔 예약을 하고 있다.

o 호텔 직원이 손님인 田中에게 경어를 사용하고 있다.

⊠ 어휘/표현

① はい、丘の上ホテルでございます。

「もしもし」 대신 회사 등에서 쓰는 표현이다.

② はい、丘の上ホテルでございます。

ツインの部屋でよろしいですか。

여기서는 각각 「です」「いい」의 정중한 형으로써 이해할 수 있으면 된다.

③ いつのご予約ですか。

お取りできますので、お名前、ご住所、お電話番号をお願いします。

「ご予約」처럼 「ご」를 수반하는지, 「お名前」처럼 「お」를 수반하는지 하는 규칙은 복잡하기 때문에, 여기서는 각각의 단어에 대하여 「ご」「お」를 수반한 형으로 외우도록 지도한다.

④ お待たせいたしました。

제19과 문형 1에서 학습한 「お待たせ」의 정중한 형으로, 손님에게 자주 사용하는 표현이다. 「お待たせしました。」도 여기서 소개한다.

▶ 여러 가지 경어 페이지 (p. 183)

· 본문, 문형, 연습 이외의 일상 생활에서 자주 쓰이는 경어의 용법을 모았다.

· 여기에 든 표현의 의미를 알고, 쓸 수 있도록 연습한다.

· 「和食にします。」처럼 「명사＋にする」의 형태로 정해진 것을 상대에게 전하는 표현은 여기에서 처음 나온다. 「동사＋ことにする」는 제31과 문형 1에서 학습한다.

▶ 경어 (p. 184, 185)

· 문형의 자세한 학습에 들어가기 전에 이 표를 이용하여, 존경어와 겸양어의 〈특별한 형태가 있는 동사〉와 〈특별한 형태가 없는 동사〉의 변화의 규칙을 연습한다.

· 「いる→いらっしゃる」와 같은 동사는 〈특별한 형태가 있는 동사〉로서 정리하고, 「撮る→お撮りになる」와 같은 동사는 〈특별한 형태가 없는 동사〉로서 정리한다.

・기본체는 쓸 기회가 적으므로, ( ) 안에 실은 です・ます체를 외우도록 지도한다. 또, 기본체에서 です・ます체로 바꿀 때, 활용이 변칙적인 것이 있다는 점에 주의한다.
・「参る」와 「伺う」는 때에 따라서는 구분해서 쓰이는 경우도 있다.

예) (教室で作業中に)

先生：誰かこっちへ来て、手伝ってください。

学生：はい、今すぐ { 参ります。
(誤) 伺います。

단, 여기에서는 같은 의미로서 학습한다.
・「存じております。」의 부정형은 「存じません」의 형태로 외울 수 있도록 지도한다.
・「ご／お～なさる」의 경우, 「お」인지 「ご」인지는 동사에 따라 다르다. 「ご試着なさいます」 외에, 「試着なさいます」처럼 「お／ご」를 수반하지 않는 형, 「ご試着になります」와 같은 형도 있지만, 여기에서는 「ご／お～なさる」를 학습한다.
「ご／お～なさる」로 되는 동사 중에는 「お電話(を)なさいます」처럼 「を」를 수반하지 않아도 되는 것과, 「お仕事をなさいます」처럼 「を」를 수반하지 않으면 부자연스러운 것이 있는데, 그 쓰임의 구분은 여기에서는 학습하지 않는다.
・「ご／お～する」도 「ご／お～いたす」와 똑같은 의미로서 취급되었다. 「ご紹介いたします」 외에 「紹介いたします」처럼 「ご／お」를 수반하지 않는 형도 있는데, 여기에서는 「ご／お」를 수반하는 형을 학습한다.
・「お～する」 형태의 겸양어는 「お読みする」처럼 장면을 이해하기 어려운 것, 「お帰りする」처럼 쓰일 수 없는 것이 있으므로 주의한다.

31 東京発鹿児島行き623便

학습 목표

조건을 나타내는 표현 「〜なら」와 「〜たら」를 사용하여, 상대에게 충고를 구하거나, 자신이 잘 알고 있는 것에 대해 충고할 수 있다.

학습 문형

1. 安く確実に行くならモノレールに乗るといいです。
2. タクシーで行くことにします。
3. 空港に着いたら、すぐにチェックインしてください。
4. 大きい荷物は預けることになっています。
5. まるで、おもちゃ { のようです。 / みたいです。
6. 音を大きくすることができます。
7. 景色が見えます。
   音が聞こえます。

본 문

❶ 安く確実に行くならモノレールのほうがいいです。

⊠ 장면

여행사에서 항공표를 구입한 斉藤가 직원에게 羽田공항으로 가는 길에 대해 묻고 있다.

○ 처음에 비행기 시각표, 하네다로 가는 노선도 등을 보여 주면서, 이 과의 화제를 도입하면 좋다.

⊠ 어휘/표현

① 新宿から羽田航空へはどうやって行けばいいんですか

가는 길을 물을 때의 표현이다. 「(場所)へはどうやって行けばいいですか。」에서 장소 부분을 바꿔가며 연습하면 좋다.

② 安く確実に行くならモノレールに乗るといいですよ。

이 표현은 「安く行く」와 「確実に行く」가 하나로 된 것으로, 이 과에서 처음 나온다. 「紙

に大きくきれいに書いてください。」等의 예를 들어 설명하면 좋다. 그리고, い형용사의
부사적인 용법「薄く切ります。」는 第12과 문형 4에서, 또 な형용사의 부사적인 용법「き
れいにそうじをしてください。」는 第9과 문형 7에서 각각 학습했다.
③ <u>それじゃ</u>、タクシーのほうがいいですね。
「それでは」의 구어체이다. 第27과 본문 1에서는 어떤 사항을 받아 다음 행동으로 옮길
때의 표현「それでは」를 학습했다. 여기서의 용법은 상대의 이야기를 듣고 무언가를 결
정하거나, 제안하는 것이다.

🔷 문형

1 　安く確実に行く<u>なら</u>モノレールに乗る<u>といい</u>です。

- 동사의 현재형에 접속하여 조건을 나타내는「〜なら」를 학습한다. 명사에 접속하여
 선발의 의미를 가지는「〜なら」(「ピアノなら弾けます。」)는 第22과 문형 3에서 학습
 했다.
- 여기서 다루고 있는「なら」는,「あなたが＜前件＞を実現させたいなら、＜後件＞とい
 う手段を選ぶことを私は提案する。」와 같은 용법이다. 예문에서 다룬「なら」의 특징
 을 정리하면 아래와 같다.
   1. 상대의 희망에 대해서 전건에 여러 가지 가정하고, 후건에 화자의 충고, 제안 등
    을 서술한다.
    例) A : 羽田へ行きたいんですが、どうやって行けばいいでしょうか。
    　　B : 安く確実に行くならモノレールですが、楽に座って行くならタクシーの
    　　　　ほうがいいですよ。
   2. 상대가 희망하는 바가 확실히 있어, 전건에 상대의 희망을 서술하고, 후건에 화
    자의 충고, 제안 등을 서술한다.
    例) A : 羽田へ、安く確実にいきたいんですが、どうやって行けばいいでしょうか。
    　　B : 安く確実に行くならモノレールがいいですよ。
- 예문 1), 2)와 같이 충고를 서술한 경우는「よ」를 붙여서 말하도록 지도한다.
 ➡연습 a
 ⏩권말「〜なら」참조

2 　タクシーで行く<u>ことにします</u>。

- 동사의 기본체 현재에 접속하여, 어떤 일을 결심했다는 것을 나타내는 표현「〜こと
 にします。」를 학습한다.
- 여기서는 아래의 두 가지 경우를 학습한다.
   1.「タクシーで行くことにします。」
    지금 그 자리에서 처음으로 결정한 경우 … 예문 1)

2.「タクシーで行くことにしました。」
　　 전에 결정한 것을 말하는 경우　　　　　　… 예문 2), 3)

✖ 연습

a　· 문형 1에서 학습한 표현을 사용하여 연습한다.

❷ 空港に着いたら、チョックインしてください。

✖ 장면

본문 1에서 이어지는 내용으로, 羽田공항에 도착해서 비행기를 탈 때까지의 절차 등에 관하여 斉藤가 여행사 직원에게 질문하고 있다.

✱ 공항에 도착 → 체크인 → 위험물 검사 → 출발 대기실이라는 흐름을 짚어가면서 신출어를 도입하고 본문 학습에 들어가면 좋다.

✖ 어휘/표현

① 向こうに着いたらすぐに受け取れますか。
　 鹿児島를 가리킨다는 것을 확인한다.
② 危険物を持っていないかどうかで簡単な検査をします。
　「留学生がいるかどうかわかりません。」은 제20과 문형 3에서 학습했다.「否定形＋かどうか〜。」는 여기서 처음 나온다.「持っていない。」라는 것이 당연한 상태이기 때문에 이러한 표현을 쓰는 것이다.
③ 乗り遅れることはありませんか。
　「電池の方向をまちがえると、こわれることがあります。」는 제26과 문형 3에서 학습했다. 여기서는 불안한 점을 확인하는 표현으로서 쓰이고 있다.

✖ 문형

> **3**　空港に着いたら、すぐにチェックインしてください。

· 조건을 나타내는 「たら」를 학습한다.
· 조건 표현 「たら」의 용법은 다양하지만, 대표적인 것을 정리해 보면, 아래와 같다.
　(1)「空港に着いたらチェックインをしてください。」「出発時間が来たら係員が案内します。」와 같이 전건에 가정성이 그다지 없고, 시간의 경과에 따라 당연히 현실화되는 사항을 서술하고 있는 것
　(2)「雨が降ったら行きません。」「もし、万一乗り遅れたら、すぐカランターの係員に言ってください。」와 같이 장래의 것을 가정하여 서술하는 성질이 강한 것
　(3)「もしあの時、モノレールに乗っていたら、間に合ったかもしれない。」와 같이, 현

재에 반대되는 것을 가정하여 서술한것.

(4) 「と」나 「ば」로 바꿔 넣을 수 있는 것. 그 외의 조건 표현으로써 이제까지의 「コーヒーに砂糖を入れると甘くなります。」(제12과 문형 6 참조)「練習すれば上手になります。」(제22과 문형 4 참조)를 학습했지만, 이들은 「コーヒーに砂糖を入れたら甘くなります。」「練習したら上手になります。」와 같이 「たら」을 사용하여 바꿔 말할 수 있다. 이때, 「たら」를 사용한 쪽이, 보다 구어체적이고 허물없는 표현이다.

여기서는, 위의 (1)의 시간의 경과에 따라 전건이 자연스럽게 실현되는 「たら」의 용법을 학습한다. 그리고 (2)(3)(4)는 이 교재에서는 다루지 않는다.

위의 (1)~(4) 이외의 「たら」의 표현으로써, 「駅に着いたら、もう、人がおおぜいいました。」와 같이 기정 사실을 놀란 마음으로 표현하는 용법을 제32과 본문 5에서 학습한다.

➡연습 b
➡권말 「たら」 참조

4 | **大きい荷物は預けることになっています。**

- 규칙이나 관례를 서술하는 표현 「~ことになっています。」를 학습한다.
- 「~ことになっています。」는 「~なくてはいけません。」「~てはいけません。」보다 완곡하고 정중한 표현이다. 여기서 학습하는 용법은, 손님 등에게 주의를 주거나, 규칙을 설명하는 것이다. 규칙(금지)을 설명할 때에는 「~しないことになっている。」(「小学生以下のお子さんは乗らないことになっています。」)가 아니라, 예문 4) 「~できないことになっている。」(「小学生以下のお子さんは乗れないことになっています。」)와 같이 가능의 부정형을 사용한 예문을 들었다.
- 학습자가 이 표현을 사용할 기회는 그다지 많지 않다고 생각하기 때문에, 여기서는 학습자가 사용 장면과 의미를 이해할 수 있으면 된다.

연습

b · 문형 3에서 학습한 표현을 사용하여 연습한다.

❸ 下の景色が見えますか。

장면

鹿児島행 비행기 안에서 斉藤와 斉藤 어머니의 모습이 본문에 나와 있다.

＊ 기내 방송의 부분은 현장감을 나타내기 위해 실었다. 정해진 표현으로서 대강의 내용을 알 수 있으면 좋다.

① 今日はいい天気で<u>よかった</u>ね。

이「で」는 좋은 이유를 나타내는 표현으로, 여기서 처음 나왔다. 여기서의 용법은 과거형「よかった。」를 수반하여, 전부터 걱정했던 것이 좋은 결과나 상태가 되어 안심하거나 기쁨을 나타내는 것이다. 처음으로 가는 호텔에 도착한 손님이「きれいなホテルでよかった。」라고 말하는 예를 들어 설명하면 좋다.

② 音楽や落語が<u>お聞きになれます</u>。

それにあちらのスクリーンで映画も<u>ご覧になれます</u>。

경어의 가능형은 여기서 처음 나온다.

③ <u>どれどれ…</u>。

무언가를 확인하거나, 시도해 보고 싶을 때에 쓰는 말로, 나이 든 사람이 사용하는 표현이다.

④ <u>どうぞごゆっくりお楽しみください</u>。

여기서는 관용적 표현의 하나로서 의미를 이해할 수 있으면 좋다. 이 외에 레스토랑 등에서 사용되는「どうぞごゆっくりお召し上がりください。」등을 소개해도 좋다.

🔷 문형

5　まるで、おもちゃ｛ <u>のよう</u>です。 / <u>みたい</u>です。

- 비유의 표현「ようだ」「みたいだ」를 학습한다.
- 여기서는, 감동한 것을 비유를 사용하여 풍부하게 표현하려고 할 때 쓰는 표현으로서「～よう／みたいです(ね)。」라고 말을 맺는 형만 다루었다.
- 「ロボットがまるで人間の<u>ように</u>歩いています。」나「紙の<u>ように</u>薄いです。」와 같이 동사나 형용사에 접속하는 형은 제33과 문형 2에서 학습한다.

➡ 권말「～よう／みたい」참조

6　音を<u>大きくする</u>ことができます。

- 사람이 의도적으로 사물을 움직여 어떤 상태로 되게 하는 것을 나타내는「い형용사／な형용사＋する」를 학습한다. 사물의 변화를 나타내는「い형용사／な형용사＋なる」는 제12과 문형 5에서 학습했다.
- 「(音)が<u>大きくなる</u>」「(人)が(音)を<u>大きくする</u>」라는 대립은, 제26과에서 학습했던「(水)が<u>止まる</u>」「(人)が(水)を<u>止める</u>」라는 자동사와 타동사의 사용 방법과 같다.〔제26과 자동사와 타동사 참조〕

※ 砂糖を入れると甘くなります。(제12과 문형 5)

※前はさしみが嫌いでしたが、好きになりました。(第12課 文型 5)
사물이나 사항의 변화를 나타내는 표현과, 사람이 의도적으로 사물을 움직여 어떤 상태로 되게 하는 것을 나타내는 표현의 차이를 확인하기 위해 실었다.

7 景色が<u>見えます</u>。
音が<u>聞こえます</u>。

· 대상물이 감각(각각의 시각, 청각)의 범위 안에 포착된 것을 나타내는 동사 「見える」와 「聞こえる」를 학습한다.
· 「見える」「聞こえる」는 「見る」「聞く」와는 별도로 독립된 동사이다. 이것과는 별도로 「見る」의 가능형 「見られる」, 「聞く」의 가능형 「聞ける」가 있다. 가능형은 보려거나 혹은 들으려고 하는 의지가 있으면, 그것이 이루어질 수 있는 조건이 갖춰져 있다는 것을 나타낸다.

※大きい飛行機に乗ると、中で映画が見られます。

※ウォークマンを持っていれば、いつでも自分の好きな音楽が聞けます。
가능형(「見られる」「聞ける」)과의 차이를 확인하기 위해 실었다.

 **お祭り見物**

당혹스러운 체험을 수동형을 사용하여 이야기할 수 있다.

1. この雑誌にいろいろ書いてあります。

2. 最近忙しい $\begin{cases} ようです。\\ みたいです。 \end{cases}$

3. せっかく誘ってもらったのに、行けませんでした。

4. 後ろの人に押されました。

5. 駅に着いたら、もう、人がおおぜいいました。

❶ まだ帰っていないようです。

▨ 장면

다방에서 鈴木가 チン에게 축제에 가자고 권유한다. 安部도 부르기로 하여 전화를 한다.

＊ おみこし나 浅草의 사진 등을 준비하면 좋다.

▨ 어휘/표현

① どこであるんですか。

　　사물이 존재하는 장소가 아니라, 행위의 장소를 나타내는 「で」이다. 제17과 문형 6에서 「昨日大阪のでパートで火事があったそうです。」의 형태로 이미 학습했다.

② 楽しみだなあ。

　　혼잣말처럼 자신의 기분을 서술할 때 사용하는 표현이다. 여성의 경우는 「わ」가 되는 것도 여기서 처음 나온다.

③ 先週の日曜日も会社で仕事をしたって言ってました。

　　ちょっと待っててください。

　　「したと言っていました。」와「待っていてください。」의 축약형이다.

1 この雑誌にいろいろ書いてあります。

- 사람의 동작의 결과로써 사물이 존재하는 상태를 시각적으로 받아들여 묘사하는 표현 「～てある。」를 학습한다. 이 「～てある。」는 준비성이나 동작의 의도가 느껴지는 것은 아니다.
- 자동사와 타동사의 대응이 있는 동사는, 아래의 예 1)과 같이, 동작의 진행은 「他動詞＋ている。」의 형으로 나타내고, 동작의 결과의 상태는 「自動詞＋ている。」를 사용해서 나타낸다.

　　例 1) ドアを開けている。(동작의 진행)

　　　　　ドアが開いている。(동작의 결과의 상태)

한편, 자동사와 타동사의 대응이 없는 동사는 예 2)와 같이 「～ている。」와 「～てある。」의 형을 사용해서 나타낸다.

　　例 2) かばんを置いている。(동작의 진행)

　　　　　かばんを置いてある。(동작의 결과의 상태)

여기서는, 예 2)의 용법 중에서 일상 생활에서 자주 사용되는 「置いてある」「はってある」「書いてある」의 세 가지에 한정하여 학습한다.

- 이 표현에서 주격을 나타내는 조사는 「かばんが置いてある。」와 같이 「が」이다. 다만, 「書いてある」에 대해서는 예문 2)의 「1回3錠と書いてある。」와 같이 써 있는 내용을 구체적으로 인용할 경우에 「と」를 사용한다는 것에 주의한다.
- 준비가 완료된 것을 나타내는 「～てある。」는 제36과 문형 3에서 학습한다.

◗ 권말 「～てある」 참조

2 最近忙しい { ようです。
 　　　　 みたいです。

- 지금 처해 있는 상황을 근거로 하여, 화자의 주관적인 판단을 서술하는 표현 「～ようだ。」「～みたいだ。」를 학습한다.
- 「みたい」의 쪽이 구어적인 것 이외에, 「よう」도 「みたい」도 의미적인 차이는 없다.
- 명사와 な형용사에 접속할 때의 형에 주의하여 지도한다.
- 「涼しそうです。」는 제23과 문형 1, 2, 3에서 학습했다. 「～そうです。」는 눈앞에 있는 요리를 보고 「おいしそうです。」라고 외견상의 인상을 그대로 서술할 때에 쓰인다. 그에 반해 「～よう／みたいです。」는, 레스토랑에 많은 사람들이 줄서 있는 것을 보고 「なぜ、大勢並んでいるのか。」→「この店の料理はおいしいからだ。」라고 추량하여, 「このレストラン(の料理)はおいしいようです。」라고 자신의 판단을 서술한다는 점에서 다르다.

＊ 연습할 때에는 도둑이 방에 들어온 후의 그림 등, 상황을 재현할 수 있을 만한 사물을 준비하고, 「窓ガラスが割れている。」등 사실에 입각하여 「泥棒は窓から入ったようです。」나

같이 학습자에게 판단을 말하게 하는 연습을 하면 좋다.

➡ 권말 「〜よう／みたい」 참조

❷ 駅に着いたら、もう、人がおおぜいいました。

✳ 장면

鈴木와 함께 축제에 갔던 チン이, 安部에게 축제 때의 모습을 이야기하고 있다.

＊ 축제 때의 가게 사진 등을 준비하면 좋다.

✳ 어휘/표현

① この前はせっかく誘ってもらったのに、すみませんでした。
「せっかく誘ってもらったのに、行けなくてすみませんでした。」와 같이 「行けなくて」가 생략되어 있는 것을 확인한다.
② でも、すごい人でした。
여기서는 사람이 많았던 것을 나타내고 있다.

✳ 문형

3 せっかく誘ってもらったのに、行けませんでした。

- 기대나 예상에 반대되는 사태를 나타내는 표현 「〜のに」를 학습한다.
- 여기서는, 다음과 같은 용법을 학습한다.
  1. 一生懸命練習したのに、上手にならない。　… 예문 1), 2)
  2. せっかく作ったのに、どうして食べないの？　… 예문 3)
  3. 始めてなのに、上手ですね。　　　　　　　… 예문 4), 5)
  1.은 자신이 기대했음에도 불구하고, 그 기대에 반대되는 결과가 됐다는 실망의 기분을 서술한 용법이다. 2.는 자신이 상대를 위해 노력했음에도 불구하고, 상대의 반응이 자신의 기대만큼이 아니었을 때의 실망을 나타내는 용법으로, 「せっかく〜のに〜んですか。」라는 형을 중심으로 연습한다. 3.은 그 상황에서 자신이 예상했던 것과, 상대의 행위나 사실이 크게 달랐던 경우의 놀란 기분을 서술한 용법으로, 예문 4)와 같이 후건에 좋지 않은 내용이 오는 것과, 예문 5)와 같이 좋은 내용이 오는 것을 연습한다.
- な형용사와 명사의 접속 형태에 주의한다.

4 後ろの人に押されました。

- 수동형을 학습한다.
- 이 교재에서는 수동형을 사용한 표현은 감정을 수반하는 수동과 감정을 수반하지 않는 수동으로 크게 나누어, 여기서는 전자를 학습하고, 제33과 문형 1에서는 후자를 학

習한다.
　(1) 감정을 수반하는 수동
　　例）私は犬に手をかまれました。
　　　　私は先生にほめられました。
　(2) 감정을 수반하지 않는 수동
　　例）インスタントラーメンは日本で初めて作られました。
여기서는 (1) 감정을 수반하는 수동 중「私は犬に手をかまれました。」와 같이, 당혹스런 감정이 수반된 것을 다루었다.「私は先生にほめられました。」와 같이 은혜의 감정이 수반된 것은 학습자에 따라 소개한다.
· 여기서는 다음의 세 가지 용법에 관하여 학습한다.
　1. (私は) 監督に叱られました。　　　　　　… 예문 1), 2), 3)
　2. (私は) 弟にカメラをこわされました。　　… 예문 4)
　3. (私は) 友達に来られて、勉強できませんでした。 … 예문 5), 6), 7)

1.은 화자에게 직접 영향을 준 경우의 용법이다. 2.는 화자의 소유물이나 신체의 일부에 영향을 준 경우의 용법으로,「(誤)私のカメラは弟にこわされました。」와 같이 자신의 소유물은 주어가 될 수 없다. 3.은 자동사의 수동문으로 동작주인「友達」는 폐를 끼칠 생각이 없었는데, 방문을 받았던 화자는 친구가 온 것을 폐로 생각하고 있다는 기분을 나타내고 있다. 각각의 용법을 연습할 때는, 실제로 동작을 행한 동작주와 그 영향을 받은 상대를 확인한다.
· 그래프 2의 동사는 수동형과 가능형의 형태가 같으므로, 문장의 구조를 잘 이해하여, 잘못된 의미로 쓰지 않도록 연습하면 좋다.
　例）私は兄にごはんを食べられました。　（수동형）
　　　今朝早く起きたのでゆっくり朝ごはんが食べられました。　（가능형）
· 수동문과 능동문의 대응은 다음과 같다. 아래는 교사용의 참고로써 실은 것이기 때문에, 학습자에게 능동문을 수동문으로 만드는 연습을 시키려는 의도는 없다.
　① 監督が私を叱りました。　　　　　⇒　(私は)監督に叱られました。
　② 弟が私のカメラをこわしました。　⇒　(私は)弟にカメラをこわされました。
　③ 友達が来ました。　　　　　　　　⇒　(私は)友達に来られました。
·「私は財布を落としました。」처럼 자신이 한 행위에 관해서, 학습자가「(誤)私は財布を落とされました。」와 같이 수동형을 쓰지 않도록 주의한다.
➡ 연습 a
⬇ 권말「受身形」참조

5　駅に着いたら、もう、人がおおぜいいました。

· 예상하지 못했던 일이 일어났다는 기분을 나타내는「～たら」를 학습한다.
· 여기서는「久しぶりに料理をしたら、指を切りました。」와 같은 동작의 결과, 그 장소

에서 의외의 일이 일어난 것을 나타내는 것과, 「デパートへ行ったら、休みでした。」와
같은 예상 외의 사건이나 상태를 발견한 것을 나타내는 표현을 학습한다. 둘 다 놀람
이나 의외성을 수반한 표현이다.

◐ 권말 「～たら」 참조

✖ 연습

a · 문형 4에서 학습한 표현을 사용하여 연습한다.

工場見学

인스턴트 라면의 역사나 생산 공정의 간단한 설명을 듣고 이해할 수 있다.

1. インスタントラーメンは 1958 年に日本で初めて作られました。
2. 紙 { のように / みたいに } 薄いです。
3. 穴が開いていないかどうか検査をしているところです。
4. 検査は機械が自動的に行います。
5. 安全なカップを作るために、社員が研究しています。

❶ 日本で初めて作られました。

✕ 장면

유학생이 교외 학습으로 인스턴트 라면 공장에 가서, 설명을 듣고 공장 내부를 견학한다.

✕ 어휘/표현

① 今では海外でも生産されるようになり、インスタントラーメンは世界中で食べられています。
   小麦粉、塩などがミキサーで混ぜられ、あちらの機械でのばされます。
   문어체에서 자주 쓰이는 연용 중지의 문장이다. 여기서는 구어체인데, 격식을 차린 경우에서의 설명 표현으로서 사용하고 있다. 의미는 て형을 사용한 경우와 같다는 것과 쓰인 장면, 연용 중지의 형태를 학습자에게 이해시킨다.

② 小麦粉、塩などがミキサーで混ぜられ、あちらの機械でのばされます。
   여기서는 눈앞에서 행해지고 있는 작업의 순서를 설명하고 있어서, 문말이 「～されます」라는 형으로 되어 있다. 〔문형 1 참조〕

1 | インスタントラーメンは 1958 年に日本で初めて<u>作られました</u>。

- 제32과 문형 4에 이어서, 수동형을 학습한다.
- 여기서 학습하는 수동형은, 아래와 같은 것이다.
    (1) 동작주가 불특정 다수이거나 특정할 수 없다.
    (2) 감정을 수반하지 않는다.
    (3) 사물이 주어가 된다.
- 이 수동형에는 「(作ら)れます。」「(作ら)れています。」「(作ら)れました。」의 세 가지의 형이 있지만, 여기서는 「(作ら)れています。」「(作ら)れました。」를 사용한 예문만을 다루었다.
  「(作ら)れています。」는 반복하여 행해지는 것에 사용되고 「(作ら)れました。」는 과거에 행했던 것에 사용된다. 또 「(作ら)れます。」는 본문 1에 있는 것처럼(「あちらの機械でのばされます。」) 지금, 눈앞에서 행해지고 있는 것이나 작업 공정을 설명할 때에 쓰이는 표현이다. 교실에서 연습할 때에는 상황 설정이 어려우니까,「(作ら)れています。」「(作ら)れました。」만 연습한다.
- ➡ 권말「受身形」참조

2 | 紙 { のように / みたいに } うすいです。

- 제31과 문형 5에서 학습한 「～ようです」「～みたいです」의 뒤에 명사, 형용사, 동사가 접속하는 형을 학습한다.
- 예문 3)과 같이, 어떤 것을 나타내기 위하여 닮았다고 생각되는 것을 인용해 나타내는 용법도 학습한다.
    例) テレビのようなもの …… パソコンのディスプレー

✱ 小さい、라는 단어를 꾸미는 경우,
    マッチ箱のように
    ありのように } 小さい
    子供のように

와 같이 여러 가지 형용 방식을 생각할 수 있다. 또, 나라에 따라서 형용 방식이 다른 경우도 있으므로, 학습자의 모국어로는 어떻게 말하는지 발표시켜도 좋다.

- ➡ 권말「～よう／みたい」참조

❷ 検査は機械が自動的に行います。

⬖ 장면

본문 1에 이어지는 내용으로, 유학생이 관계자에게 공장 안의 설명을 듣기도 하고, 질문을 하기도 한다.

⬖ 어휘/표현

① そんなにたくさんあるんですか。

「たくさんある」라는 것에 놀라고 있는 것을 강조하는 표현이다.

② その中の何種類かはみなさんの国にも輸出されていると思いますよ。

확실한 수량을 말할 수 없지만, 그다지 많지 않은 수라는 의미이다. 「何人か」 「いくつか」 등의 표현도 소개하면 좋다.

⬖ 문형

3 穴が開いていないかどうか検査をしているところです。

- 무언가가 진행되고 있는 상태를 나타내는 「〜ているところ」를 학습한다.
- 「食べたところ」는 제29과 문형 3에서 학습했다. 「始まるところ」는 제35과 문형 3에서 학습한다.
- 「〜ているところ」의 사용 방법은, 「〜ている」와 거의 같다. 여기서는, 예문 1)과 같은 「すみません。今、〜ているところなので、もう少し待ってください。」와 같은 쓰임을 연습한다.

  ➡ 권말 「〜ところ」 참조

4 検査は機械が自動的に行います。

- 동작주가 아니라, 목적어에 시점을 두고 서술하는 말 「〜は〜が〜。」를 학습한다.
- 제15과 문형 7에서는 문 전체의 주제를 「〜は」로 나타내고, 그 설명을 「〜が」에서 나타내는 표현(「この部屋は窓が大きいです。」)을 학습했다. 여기서 학습하는 것은 그것과는 다르고, 목적어가 「〜は」로 나타내는 용법이다.

  ✱ 연습할 때는 「みんなでカレーを作って食べる」와 같은 장면을 설정하고,

    A : 野菜は？

    B : 野菜は田中さんが買います。

    A : 料理は？

    C : 料理は私がします。

  등의 연습을 하면 좋다.

5　安全なカップを作る<u>ために</u>、社員が研究しています。

- 행위의 목적을 나타내는 「ために」를 학습한다.
- 「名詞＋のために」는 제29과 문형 4의 예문 1)(「健康のために注意していることはありますか」)에서 이미 학습했다. 교재의 예문에는 없지만, 「名詞＋のために」도 예를 들어 소개하면 좋다.
- 제27과 문형 3에서 행위의 목적을 나타내는 표현 「～ように」를 학습했다. 「～ように」는 전건에서 서술한 상태로 되는 것을 목적으로 할 때에 사용되며, 자신의 의지로는 직접 조작할 수 없는 사항이 전건에서 서술된다.

　例) 道に迷わないように、あらかじめ場所を調べておきます。

여기에 반해 「ために」는, 후건의 동작주의 행위 혹은 의지가 전건에서 목적으로써 서술된다.

　例) 海外旅行をするために、貯金しています。

- 「カップの安全性が問題になった<u>ために</u>、社員が研究している。」와 같이 원인을 나타내는 용법과 혼동하지 않도록, 수업에서 사용할 예문을 작성할 때는 주의한다.

34 毎日家の手伝いをさせました。

어떤 인물의 성장 과정에 관한 인터뷰를 듣고, 이해할 수 있다.

1. 毎日練習ばかりしていました。
2. 広美に家の手伝いをさせました。
3. 進路が決まらなくて心配しました。
4. 就職したらどうですか。

❶ 練習ばかりしていました。

▨ 장면

마라톤 선수의 어머니가 인터뷰에 응하여, 딸의 성장 과정에 대해 이야기하고 있다.

○ 사역형은 상하 관계가 확실히 정해져 있는 사람들 사이에서 쓰이는 것이 일반적이다. 이 과의 본문에서는 사역형이 쓰이는 상하 관계의 하나로서, 친자 관계를 제시했다.

✲ 본문에 들어가기 전에 마라톤이라는 경기에 대해서 간단히 설명해 두면 좋다.

▨ 어휘/표현

① 今日のお客様は、マラソン選手高田広美さんのお母様、高田幸枝さんです。
  제11과 문형 1에서 「(吉田さんの)お母さん」이라는 표현을 학습했는데, 여기서는 인터뷰라는 장면에 맞게 고쳐진 표현을 쓰고 있다.
② 高田選手は先日の国際女子マラソン大会で、日本最高のタイムで見事に優勝なさいました。
  제30과에서 「する」을 수반하는 동사의 경어는 「ご(お)〜なさる」의 형으로 학습했지만, 동사에 따라 이 같은 「ご(お)」를 취하지 않는 형태로 사용되는 것도 있다.

③ <u>大変だったと思います。学校の勉強もありましたから。</u>
「学校の勉強もありましたから、大変だったと思います。」의 도치이다.

⊠ 문형

1　<u>毎日練習<u>ばかり</u>していました。</u>

- 몇 번이나 같은 것을 하거나, 같은 물건을 좋아해서 취한다는 표현 「ばかり」를 학습한다.
- 「ばかり」에는, 「コーヒーばかり飲んでいる。」와 「コーヒーを飲んでばかりいる。」라는 두 가지 표현법이 있다. 전자는 마실 것이 많이 있는 가운데, 커피를 좋아해서 마신다는 상황이고, 후자는 예를 들어 일은 하지 않고 언제나 커피만 마시고 있는 것 같은 상황일 때 쓰인다. 여기서 학습할 것은 전자로 「を」로 표현되는 목적어 부분에 「ばかり」를 쓸 수 있는 것이다.
- 예문 1)~3)은 모두 「~ばかり~ている」의 형태로 되어 있다. 반복을 나타내는 「~ている」는 이 교재에서는 다루지 않았지만(권말 「~ている」참조), 여기서는 「ばかり」와 함께 사용되는 표현으로써 이해시킨다.

※ 夏休み中遊んでばかりいたので、宿題が全部できませんでした。
목적어를 취하지 않는 동사의 경우는, 「て形＋ばかりいる」의 형이 된다. 학습자는 「(誤)遊びばかりする」라고 실수할 경우가 많으므로, 「遊んでばかりいる」의 형으로 외우도록 지도한다.

✳ 「あの子はうちにばかりいて、あまり外で遊ばない。」와 같이, 목적어 이외에 「ばかり」가 붙는 용법도 있지만, 이 교재에서는 다루지 않았다. 학습자에 따라 소개해도 좋다.

2　<u>広美<u>に</u>家の手伝い<u>を</u>させました。</u>

- 사역형을 학습한다.
- 사역형에는 사람이 사람에게 강제적으로 어떤 동작을 시킬 때에 쓰이는 용법과 허가를 나타내는 용법이 있는데, 여기서 학습하는 것은 전자이다. 후자에 대해서는 제35과 문형 4 등에서 학습한다.
- 여기서는, 사역형을 다음의 두 가지로 나누었다.
  - (1) AはBに …… を＜他動詞＞～せる／させる
  - (2) AはBを＜自動詞＞～せる／させる

  각각의 조사에 주의하여 연습한다.
  (2)의 용법의 조사에 관해서는, 아래와 같은 예외가 있다.
  - ① 「息子を大学に行かせる。」라는 문장은, 「を」뿐 아니라 「に」도 취할 수 있다. 다만 「に」를 취할 때에는 문맥에 따라 허가의 의미로도 해석될 수 있기 때문에, 이 과에서는 「を」만 학습한다.

② 장소를 나타내는 「を」를 취하는 동사로서 문장 속에 장소를 명시하는 경우에는, 동작을 하는 사람을 나타내는 조사가 「を」가 아닌 「に」가 된다.

例) 選手に公園を走らせる。(cf. 選手を走らせる。)
　　子供に歩道橋を渡らせる。(cf. 子供を渡らせる。)

단, ②에 관해서는 이 교재에서는 다루지 않았다.

· 그룹 3의 동사 중, 뒤에 「する」가 붙는 동사가 사역형이 되는 경우는, 동작을 하는 사람을 나타내는 조사가 「に」가 되는 것이 많다.

例) 子供に毎日復習をさせます。

다만, 그 중에는 동작을 하는 사람을 나타내는 조사가 「を」가 되는 것도 있다. 여기서는 학습자에게 친근한 「帰国する」와 「留学する」을 소개한다.

例) 子供を無理に帰国させました。

· 제26과 「自動詞と他動詞」에서 학습한 동사 중, ⑬~⑮에 대하여는 자동사의 사역형이 아니라 타동사가 쓰이는 것도 있기 때문에, 학습자가 다음과 같은 오용을 일으킬 만한 장면을 설정하지 않도록 주의한다.

例) 子供が起きる　→（誤）お母さんは子供を起きさせる。
　　　　　　　　　　　お母さんは子供を起こす。

· 사역형은 자신 이외의 사람에게 어떤 행위를 강제로 시키기 때문에, 두 사람의 관계는 부모와 자식, 상사와 부하, 감독과 선수라는 상하 관계가 확실한 사이에서 쓰이는 경우가 많다. 따라서 연습할 때에는 상황 설정에 주의한다. 아래와 같은 질문을 해서 연습하면 좋다.

例) ・〜さんの国では学校の先生は、学生にどんなことをさせますか。
　　・〜さんの国では親は子供にどんなことをさせますか。

➡ 연습 a

◗ 권말 「使役形」 참조

✠ 연습

a · 문형 2에서 학습한 표현을 사용하여 연습한다.

❷ 進路が決まらなくて心配しました。

✠ 장면

본문 1과 이어지는 내용으로, 마라톤 선수의 어머니가 딸이 마라톤 선수가 되기까지의 과정을 이야기하고 있다.

✠ 어휘/표현

① 高校を卒業後、広美さんは体育大学に進学なさいましたね。

ご両親は、広美さんがマラソン選手になることに<u>反対なさらなかった</u>んですか。

本문 1의 ②와 마찬가지로, 「ご(お)」가 붙지 않는 경어의 형이다.

② 私は「大学に行かないで、就業したらどう」と言った<u>のですが</u>、広美は大学に行きたがっていました。

제16과 문형 1에서 학습한 「~んです」의 변형된 말이다.

③ 大学を卒業してから、マラソン選手<u>として</u>活躍するようになりましたね。

목적을 나타내는 「として」는 제24과 본문 1에서 이미 학습했다. 여기는 자신의 입장을 나타내는 용법이다. 「にとって」「について」등과 혼동하기 쉬운 표현이므로, 「私は国費留学生として日本へ来ました。」등의 예를 들어, 사용법을 확인한다.

④ これからも広美さんのご活躍を楽しみにしています。

인터뷰 등을 끝낼 때에 상대에게 쓰는 표현이다.

◈ 문형

3   進路が決まらなく<u>て</u>心配しました。

- 곤란했던 일이나 힘들었던 일, 기뻤던 일 등의 이유를 나타내는 「~て」「~なくて」를 학습한다.
- 유사 표현으로 제21과 문형 1에서 학습한 「~ないで」가 있다. 전건이 동사인 경우, 「漢字が覚えられなくて困っています。」나 「漢字が覚えられないで困っています。」라고 말할 수 있다. 「困っている」「大変だ」와 같이, 상태를 나타내는 말과 함께 쓰일 때에는, 「なくて」「ないで」양쪽 다 사용할 수 있다. 그러나, 개인의 어감의 차이로, 「ないで」는 부자연스럽다고 느끼는 사람도 있기 때문에, 여기서는 「~なくて困っています。」「~なくて大変です。」와 같은 형으로 연습한다.
- 사람이 있는지 없는지나 사물의 유무를 나타내는 내용은, 반드시 「なくて」의 형을 쓴다.
  例)　新しいカメラが欲しいんですが、お金がなくて買えません。
- 전건에 자신의 의지로 바뀔 수 있는 내용이 오면 부자연스러워지므로 주의한다.
  (誤) 私は教科書を持って来なくて困っています。
- ➡ 권말 「~て(原因、理由)」 참조

4   就職したらどうですか。

- 화자가 그 상황을 보고 상대에게 권유하는 등, 충고할 때 사용하는 표현 「~たらどうですか」를 학습한다.
- 교재의 예문으로는 「~たらどうですか。」와 「~てみたらどうですか。」의 두 가지의 형을 다루었다. 화자가 그 제안을 최선이라고 생각하지 않을 때나 애매한 정보를 근거로 제안할 때에는 「~てみたらどうですか。」가 쓰인다.
  例1) (베트남 요리의 조리법을 알고 싶어하는 사람에게)
  　　　田中さんに聞いてみたらどうですか。知っているかもしれませんよ。

(말레이시아어 사전을 찾고 있는 사람에게)

駅前の大きい本屋に行ってみたらどうですか。あるかもしれませんよ。

例 2) (기분 나쁜 것 같은 사람에게)

医務室に行ったらどうですか。

(誤) 医務室に行ってみたらどうですか。

うちに帰ったらどうですか。

(誤) うちに帰ってみたらどうですか。

학습자가 「～てみたらどうですか。」를 너무 자주 사용하지 않도록 주의한다.

· 「～たらどうですか。」는, 상대에게 자신의 생각을 제안하는 형태를 취하기 때문에 「～たほうがいいです。」(제21과 문형 2)만큼 자신의 생각을 강요하는 인상은 없다. 그러나, 표현법에 따라서는 되는 대로 말하는 듯한 인상을 줄 수도 있으므로 주의한다.

35 お待たせしてすみませんでした。

· 상대에게 이유를 서술하여 사죄할 수 있다.
· 사역형을 사용해서 정중하게 허가를 구할 수 있다.

1. 読め<u>そうです</u>。
   読め<u>そうにありません</u>。
2. 講演会はもう始まっ<u>ています</u>か。
3. ちょうど今始まる<u>ところ</u>です。
4. 今日の講演を<u>録音させていただきたい</u>んですが…。
5. <u>いくら読んでも</u>わかりません。
6. もう読ん<u>でしまいました</u>。
7. いつ<u>でも</u>いいです。
8. 忙しく<u>なければ</u>行きます。

❶ 走れば間に合いそうです。

▨ 장면

약속 시간에 늦게 온 安部가 富士川에게 사과하고 있다.

○ 약속 시간에 늦은 安部가 어떻게 사과하고 있는지, 그 표현이나 흐름에 주목시키면서 학습을 진행한다.

○ 安部가 사과하고 있는 부분은 외워서 말할 수 있게 될 때까지 연습한다.

＊ p.246의 〈謝り方〉을 사용하여, 사과하는 법의 하나의 형태로서 흐름을 이해시키면 좋다.

＊ 본문을 학습한 후에, 만날 약속을 했는데, 급하게 사정이 나빠졌다, 빌린 물건을 잃어버렸다 등의 상황을 설정하여, 응용 연습을 해도 좋다.

➡ 연습 a

⊠ 어휘/표현

① <u>本当にお待たせしてすみませんでした。</u>

　　사람을 기다리게 해서, 사과할 때에 쓰는 표현이다. 이 과에서 처음 나왔다.

② <u>さあ、急ぎましょう。</u>

　　다른 사람에게 행동을 재촉하는 표현이다.

【謝り方】(p. 246)

　　자신이 부적합한 일을 했을 때, 어떻게 된 것인지 이유를 서술하기 전에, 반드시 사과를 먼저 한다라는 사과 방식 흐름을 이해시키기 위해 실었다.

⊠ 문형

> **1**　読め<u>そうです</u>。
> 　　　読め<u>そうにありません</u>。

- 자신의 능력이나 상황으로 판단해 볼 때, 실현할 가능성이 있음을 나타내는 「動詞(可能形)＋そうです。」와, 실현 가능성이 적음을 나타내는 「動詞(可能形)＋そうにありません。」을 학습한다. 사물이나 사항의 외견으로부터의 인상을 서술하는 「い形容詞＋そうです。」「な形容詞＋そうです。」「動詞＋そうです。」는 제23과 문형 1, 2, 3에서 학습했다.
- 여기서 다룬 예문은 아래와 같다.

　　　1. 자신의 능력으로 판단해 볼 때 실현 가능성이 있다.　　… 예문 1), 3)

　　　2. 상황으로 판단해 볼 때 실현 가능성이 있다.　　　　　… 예문 2)

　　　3. 자신의 능력으로 판단해 볼 때 실현 가능성이 적다.　 … ※

　　　4. 상황으로 판단해 볼 때 실현 가능성이 적다.　　　　　… 예문 4), 5)

- 예문 3)은 가능형이 없는 동사의 형이다. 〔가능성이 없는 동사에 대해서는 제22과 문형 1 참조〕
- 상대가 권유한 것을 거절할 경우에는, 「～られません。」이 아니라, 예문 5)와 같이 「～られそうにないので…。」를 쓰도록 지도한다.

　※ 先生　　：この論文を読んでみませんか。

　　マリー：えっ、日本語の論文ですか。私には読めそうもありません。

　「～そうにありません。」과 같은 의미로 쓰이는 「～そうもありません。」을 소개하기 위해 실었다. 이 외에 「～そうにもありません。」도 같이 소개하면 좋다.

　◑ 권말 「～そう」 참조

⊠ 연습

a　· 본문 1에서 학습한, 약속 시간에 늦어서 사과할 때의 표현을 연습한다.

　　· p. 246 「謝り方」를 학습한 후에 연습한다.

❷ 録音させていただきたいんですが。

❖ 장면

강연회의 접수처에서, 富士川가 녹음 허가를 구하고 있다.

❖ 어휘/표현

① 前の方は、もういっぱいですね。
「방향」 혹은 「그 방향에 해당하는 장소」라는 의미이다.

❖ 문형

2　**講演会はもう始まっていますか。**

- 결과의 상태를 나타내는 「〜ている」를 학습한다. 언젠가 하지 않으면 안 되는 동작의 완료를 나타내는 「もう(食べ)ました。」「まだ(食べ)ていません。」은 제11과 문형 10에서 학습했다.
- 어떤 사건이 발생한 결과의 상태를 서술하는 「汚れています。」「つまっています。」는 제27과 문형 1에서도 학습했지만, 제27과에서는 고장 등의 예기치 못한 불상사를 발견하여, 상대에게 주의를 촉구하거나, 고충을 서술하거나 하는 용법으로써 학습했다. 여기서는, 예를 들어 「安部さんは5分前に来た。」에서 「今、安部さんは来ている。」와 같은 동작이나 사건의 결과의 상태를 나타내는 용법을 학습한다.
- 현재의 상태 「安部さんは今(もう)来ています。」와, 과거의 어느 시점에 있었던 상태 「私が来た時、安部さんはもう来ていました。」의 차이는 학습자가 이해하기 어려울 수도 있다. 예문 3)을 학습할 때는 현재의 상태인지 과거의 상태인지에 주목시키면서 지도하는 게 좋다.
- 여기서는, 「始まる」「できる」「来る」「終わる」등의 동사를 사용해서, 예문 1), 2)와 같은 장면으로 연습하여, 학습자가 일상 생활 중에 사용할 수 있도록 한다.
- ▶ 권말 「〜ている」 참조

3　**ちょうど今始まるところです。**

- 동작이나 행위 등을 하기 직전의 상태라는 것을 나타내는 「始まるところ」를 학습한다. 바로 지금 그 행위가 완료된 것을 나타내는 「食べたところ」는 제29과 문형 3에서, 또 무언가가 진행되고 있는 상태를 나타내는 「検査をしているところ」는 제33과 문형 3에서 학습했다.
- 여기서 든 예문의 용법은 다른 사람의 「問いかけ」「依頼」등에 대해, 자신은 지금 〜하려고 하기 때문에, 예문 1)과 같이 「いっしょに〜しようと誘う」, 혹은 예문 2), 3)과 같이 「断る」하는 것이다. 이와 같은 장면을 설정하여 연습한다.
- ▶ 권말 「〜ところ」 참조

4 　今日の講演を<u>録音さ</u>せていただきたいんですが…。

- 사역형을 사용하여 정중하게 허가를 구하는 표현을 학습한다.
- 학습자는 사역형을 사용하기 위해, 무언가를 강요한다는 의미로 오역할 수 있으므로 주의한다.
- 초급 학습자에게 이 표현의 문법적인 형태를 분석적으로 가르칠 필요는 없다. 여기서는 정중하게 허가를 구할 때에 사용하는 하나의 완성된 표현으로써「使役形＋ていただきたいんですが…。」를 도입하여, 연습한다.

➡연습 b

◗권말「使役形」참조

✖ 연습

b · 문형 4에서 학습한 표현을 사용하여 연습한다.

❸ 仕事が忙しくなければ行きます。

✖ 장면

돌아가는 전차 안에서, 安部와 富士川가 강연회의 감상 등을 이야기하고 있다.

✖ 문형

5 　いくら<u>読んで</u>もわかりません。

- 「いくら／どんなに～ても～。」와 같이 회수나 정도를 나타내는 말과 함께, 노력했지만 성공하지 못한 것을 나타내는 표현을 학습한다. 조건을 만족시키고 있음에도 불구하고 결과가 수반되지 않은 경우의 조건을 나타내는「電源を入れ<u>ても</u>つかないんです。」는 제26과 문형 1에서 학습했다.
- 이 교재에서는「いくら」과「どんなに」를 같은 의미로서 취급했다.

＊ 여기서는 회수를 나타내는 표현은「いくら」만 다루었지만, 학습자에 따라「何回」「何度」등을 소개해도 좋다.

◗권말「～ても」참조

6 　もう<u>読んで</u>しまいました。

- 동작이 완료된 것을 나타내는「～てしまう」를 학습한다. 의도하지 않았던 일이 일어나, 그것을 설명하는 표현「お皿を<u>割</u>ってしまいました。」는 제19과 문형 3에서 학습했다.
- 「～てしまいました。」와「～ました。」의 차이를 아래와 같은 예를 들어 설명하면 좋다.

例 1) A：もうこの本を読みましたか。

　　　 B：はい、読みました。／はい、読んでしまいました。

例 2) A：昨日、本を読みましたか。

　　　 B：　　　はい、読みました。

　　　 （誤）はい、読んでしまいました。

- 제19과의 용법에는 후회 등의 기분을 가진 것이 많았지만, 여기서는 후회의 기분 등은 없다. 예문 1), 2)와 같이 다음 행위 등으로 옮기기 위해, 먼저 어떤 사항을 완료시킨다는 용법을 중심으로 연습한다.
- 예문 2)의「来てくれない？」는 여기서 처음 나온다. 이 표현은 제30과 문형 3에서 학습한「～ていただけませんか。」와 같은 의미로, 가족이나 친구 등 친한 사람에게 무언가를 부탁할 때에 쓰는 것이다.

➡ 권말「～てしまう」참조

7　いつでもいいです。

- 「いつ」「どちら」「どこ」「誰」등에 대하여, 모든 경우에 그렇다고 긍정하는「～でも」를 학습한다.
- 예문에 있는「いつ」「どちら」「どこ」외에「誰でもいいです。」「何でもいいです。」등도 적당히 연습한다. 학습자가「(誤)何もいいです。」「(誤)誰もいいです。」와 같이 잘못 알기 쉬우므로 주의한다.
- 예문 4)는「(誤)おいしいなら何でもいいです。」라는 오용이 나오기 쉬우므로, 예습할 때는「～料理なら」「おいしいものなら」와 같이 대답하도록 지도한다.

8　忙しくなければ行きます。

- 전건에서 어떤 사항을 가정하고, 그것을 근거로 후건에 화자의 판단이나 태도를 나타내는 표현「～ば」를 학습한다. 일반적인 사실을 나타내는 것으로 전건이 성립되면 반드시 후건이 성립하는 용법(「練習すれば、(誰でも)すぐ覚えられます。」)은 제22과 문형 4에서 학습했다.
- な형용사의 경우는「新鮮だったら買います。」와 같이,「～たら」에 접속하는 것이 많아서, な형용사에 접속하는 예를 들지 않았다.

➡ 권말「～ば」참조

36 先輩にいろいろなことをさせられました。

사역 수동의 표현을 사용하여 그다지 유쾌하지 않았던 자신의 경험을 이야기할 수 있다.

학습 문형

1. 新入生は、先輩にいろいろなことをさせられます。
2. 日本にいるうちにいろいろな経験をしてみたらどうですか。
3. 注文してあります。

본 문

❶ 部屋のそうじをさせられました。

▨ 장면

4월부터 대학생이 되는 チンが, 축구부에 들어가는 것에 대하여 鈴木와 이야기하고 있다.

✽ 본문에 들어가기 전에 일본의 대학 생활이나 클럽 활동 등에 대해서 간단히 설명하면 좋다.

▨ 어휘/표현

① 僕も大学のころ、サッカーをやっていたんですよ。
　이 「やる」는 「する」의 의미임을 확인한다.

▨ 문형

1　新入生は、先輩にいろいろなことをさせられます。

· 본인의 의지와 관계없이, 타인으로부터 어떤 동작을 강요당하는 것을 나타내는 사역 수동형을 학습한다.
· 지도할 때는, 동작을 강요한 사람과, 그 동작을 행한 사람이 있는 것, 동작을 했던 사람에게는 피해나 귀찮은 기분이 든다는 것을 학습자에게 우선 이해시킨다.
· 그룹 1의 동사에 관해서는, 예를 들어 「行かせられる」「書かせられる」 대신 「行かされる」「書かされる」라는 형도 일반적으로 사용되고 있지만, 여기서는 전자의 형태로

통일했다.

➡ 연습 a

⬭ 권말 「使役受身形」 참조

2 日本にいるうちにいろいろな経験をしてみたらどうですか。

· 전건에서 규정된 시간적 조건 내에서 후건의 동작이 행해지는 것을 나타내는 「うちに」를 학습한다.

· 이 문형을 사용한 문장은, 전건의 시간적 조건을 지나 버리면, 후건의 동작이 일어날 수 없거나, 안 좋은 사태가 일어난다는 느낌이 포함되어 있다.

   例) 日本にいるうちに京都へ行きたいです。

       お客さんが来ないうちにそうじをします。

· 「～うちに」에 접속하는 형은 아래와 같다.

	긍정형	부정형
い形容詞	基本体現在(～い)	～くならない
な形容詞	～な	～にならない
動詞	基本体現在	～ない
名詞	～の	～ない

그러나, 여기서는 모든 형을 연습할 필요는 없다. 교재 예문에 있는 것을 중심으로, 실제 생활에서 학습자가 자주 사용하는 것을 하나의 정리된 표현으로써 사용할 수 있도록 지도한다.

   例) 暗くならないうちに   雨が降らないうちに   若いうちに 等

· 「～間に」는 제19과 문형 4에서 학습했다. 「日本にいる間に～」는 일본에 온 시점(時点)과 일본을 떠난 시점(時点) 모두에 시점(視点)이 있는 것에 반해, 「日本にいるうちに～」는, 일본을 떠나게 되지 않은 시점(時点)에만 시점(視点)이 있다. 「～うちに」는 「雨が降らないうちに～」와 같이 원래 한쪽 밖에 규정할 수 없는 것에 많이 사용된다.

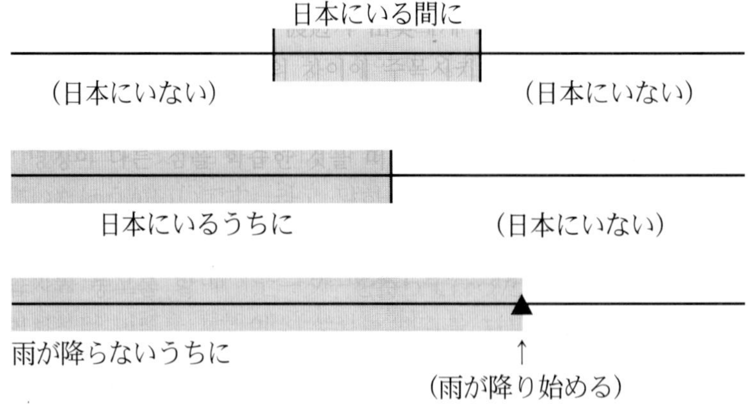

⬭ 권말 「～うちに」 참조

192

a · 문형 1에서 학습한 표현을 사용하여 연습한다.

❷ 注文してあります。

◈ **장면**

チンが 들어간 축구부가 시합에 이겨, 방에서 조촐한 승리 축하 모임을 한다.

◈ **어휘/표현**

① おすしは?

お皿とコップも準備してあります。

おはしは?

연령이나 친밀감에 따라, 남성이 너무 많이 사용하면 부자연스러운 경우가 있으므로, 사용하는 상황에 주의한다.

② お皿とコップも準備してあります。

문형 3에서는 조사를 사용하지 않는 장면에서 연습을 하지만, 여기서는 앞의 문장과의 관계로부터, 조사 「も」를 사용하고 있다. 〔문형 3 참조〕

◈ **문형**

3 ┃ 注文してあります。

· 준비가 완료되어 있는 것을 나타내는 「～てある」를 학습한다. 사물의 상태를 시각적으로 묘사하는 「～てある」는 제32과 문형 1에서 학습했다.

· 여기서의 용법은, 사물의 상태의 묘사보다도, 오히려 의도적인 행위가 완료되어, 다음 행위로의 준비가 이루어졌음을 나타낸다. 그 상태는 반드시 시각적으로 볼 수 있는 것에만 제한하지는 않는다.

　　例) 注文してあります。

　　　　予約してあります。

· 「～てあります」의 앞에 붙는 조사는, 구어체에서는 생략되는 경우가 많지만, 생략되지 않고 「が」나 「を」가 되는 것도 있다.

　　例) お皿が準備してあります。

　　　　お皿を準備してあります。

그러나, 이 교재에서는, 예로 든 「は」로 질문하고 대답하는 다음과 같은 형을 중심으로 제시하고 있다.

　　A : お皿は?

　　B : 準備してあります。

수업에서는 조사가 무엇인지를 학습자에게 묻는 연습을 하는 것이 아니라, 아래와 같이 조사를 사용하지 않아도 괜찮은 자연스러운 회화 장면을 설정해서 연습한다.

　例）　社長：ホテルの予約は？

　　　　秘書：もう、してあります。

　　　　社長：飛行機の切符は？

　　　　秘書：買ってあります。

부주의하게 조사 부분을 말하게 하거나, 작문을 시키거나 해서 혼란을 초래하지 않도록 주의한다.

➜연습 b

➡권말「～てある」참조

✖ 연습

b　· 문형 3에서 학습한 표현을 사용하여 연습한다.

관련 문형 일람

<h1 align="center">관련 문형 일람</h1>

※ 일람의 ◉는 「신분카일본어Ⅰ・Ⅱ」에서 학습한 것, ■는 「하이분카재패니스」에서 학습한 것을 나타낸다. 또 〔초급Ⅰ제3과─1〕은, 「신분카일본어Ⅰ」의 제3과 문형 1에서 학습한 문형이라는 의미이다.

あげる、もらう、くれる

◉ 사물의 수수를 나타내는 「あげる」〔초급Ⅱ 제24과─3〕

私はアルンさんにチョコレートをあげました。

◉ 사물의 수수를 나타내는 「もらう」〔초급Ⅱ 제24과─4〕

私はおおぜいの人にお中元をもらいました。

◉ 사물의 수수를 나타내는 「くれる」〔초급Ⅱ 제25과─4〕

友達が(私に)プールの招待券をくれました。

◉ 호의의 수수를 나타내는 「～てくれる」〔초급Ⅱ 제28과─1〕

母：誰がこの写真を撮ってくれたの？

武：京子さんが撮ってくれたんだ。

◉ 호의의 수수를 나타내는 「～てもらう」〔초급Ⅱ 제28과─2〕

母　：誰に送ってもらったの？

良子：武さんに送ってもらったの。

◉ 호의의 수수를 나타내는 「～てあげる」〔초급Ⅱ 제28과─4〕

武さんにセーターを編んであげるつもりです。

◉ 상대가 윗사람일 때에 사용하는 「くださる」「いただく」〔초급Ⅱ 제29과─1〕

西田先生が(私に)花をくださいました。

(私は)西田先生に花をいただきました。

◉ 상대가 윗사람일 때에 사용하는 「～てくださる」「～ていただく」〔초급Ⅱ 제29과─2〕

先生の奥さんが洗濯をしてくださいました。

先生の奥さんに洗濯をしていただきました。

意志形

◉ 자신의 의지를 서술함 〔초급Ⅱ 제20과─1〕

経営学の勉強をしようと思っています。

■ 아직 실현되지 않은 상태를 나타냄 〔중급Ⅰ 제3과〕

懐中電灯をつけようとしたんですが、その時、店の方で激しくガラスの割れる音が

しました。

■ 확실히 굳어지지 않은 의지를 나타냄 〔중급Ⅰ 제4과〕

実は、会社をやめようかと思っているんです。

■ 경향이나 성질을 나타냄 〔중급Ⅰ 제4과〕

最近の人はすぐにやめようとするんだなあ。

今の人は、自分を会社に合わせて変えようとしないんだなあ。

■ 의지가 있는데 그것을 할 수 없는 것을 나타냄 〔중급Ⅰ 제4과〕

やめようにもやめられなかったしね。

受身形

◉ 괴로움의 감정을 수반하는 수동태 〔초급Ⅱ 제32과―4〕

後ろの人に押されました。

◉ 감정을 수반하지 않는 수동태 〔초급Ⅱ 제33과―1〕

インスタントラーメンは1958年に日本で初めて作られました。

■ 「〜れる」「〜られる」를 사용하는 경어 〔중급Ⅰ 제2과〕

先輩は大学院の試験を受けられるんですか。

■ 동작을 받는 것에 시점을 두어 서술하는 수동태 〔중급Ⅰ 제5과〕

「ウォークマン」という名前は、普通の名詞のように使われている。

■ 「A(大きいもの)にB(小さいもの)を付ける」「A(人)にB(もの)を贈る」 등의 수동태

〔중급Ⅰ 제5과〕

ウォークマンには、小さいヘッドホンが取り付けられている。

■ 수동태 중에서 「동작을 하는 것」을 나타내는 조사 〔중급Ⅰ 제5과〕

ウォークマンは、1979年にソニーによって開発された。

● 전건에서 규정된 시간적 조건 안에서 후건의 동작이 행해지는 것을 나타냄
〔초급Ⅱ 제36과―2〕

　　日本にいるうちにいろいろな経験をしてみたらどうですか。

■ 무언가를 하고 있는 사이에, 변화가 일어난 것을 나타냄〔중급Ⅰ 제7과〕

　　橋を渡っているうちに、江戸時代にタイムスリップしているような気分になる
　　ということです。

● 動詞 ＋の＋が　好きです。〔초급Ⅰ　제11과―7〕

　　洋服を作るのが好きです。

● 動詞 ＋の＋は 形容詞 です。〔초급Ⅰ　제18과―1〕

　　朝ごはんを食べないのは体によくありません。

■ 動詞 ＋の＋が／は／も／を／に／と～。〔중급Ⅰ　제4과〕

　　どちらかといえば、じっとしているのが苦手なほうだ。

● 경험의 유무에 대해 서술함〔초급Ⅱ 제22과―2〕

　　A：結婚式場で仕事をしたことがありますか。

　　B：｛はい、あります。
　　　　いいえ、ありません。

● 가능성이 있는 것을 서술함〔초급Ⅱ 제26과―3〕

　　電池の方向を間違えると、こわれることがあります。

■ 가능성이 있는 것을 서술함〔중급Ⅰ 제4과〕

　　思いがけないアイデアを出して人を驚かせることがある。

使役受身形

● 본인의 의지와 상관없이, 다른 사람으로부터 동작을 강요당하는 것을 나타냄
〔초급Ⅱ 제36과―1〕

　　新入生は、先輩にいろいろなことをさせられます。

■ 1그룹 동사의 사역수동형의 다른 형태 〔중급Ⅰ 제8과〕

　　日本で暮らし始めてからは、過剰包装に悩まされるようになった。

使役形

● 자신 이외의 사람에게 어떤 행위를 강요함 〔초급Ⅱ 제34과―2〕

　　広美に家の手伝いをさせました。

● 정중하게 허가를 구함 〔초급Ⅱ 제35과―4〕

　　今日の講演を録音させていただきたいんですが…。

■ 허가를 나타냄 〔중급Ⅰ 제4과〕

　　重要な仕事もなかなかさせてもらえないし…。

～すぎ

● 사물이 도를 넘어서 좋지 않음을 나타냄 〔초급Ⅰ 제15과―5〕

　　遠すぎます。

■ 「～すぎる」의 명사화 〔중급Ⅰ 제8과〕

　　ちょっと遊びすぎのような気もしますけど…。

～そう

● 전문의 표현 〔초급Ⅰ 제17과―6〕

　　天気予報によると、明日は晴れときどき曇りだそうです。

● 사물이나 사항의 외견에서 풍기는 인상을 서술함(い형용사) 〔초급Ⅱ 제23과―1〕

涼し { そうです。
       くなさそうです。

◉ 사물이나 사항의 외견에서 풍기는 인상을 서술함 **(な형용사)** 〔초급 Ⅱ 제23과—2〕

便利 { そうです。
       じゃなさそうです。／ではなさそうです。

◉ 사물이나 사항의 외견에서 풍기는 인상을 서술함 (동사) 〔초급 Ⅱ 제23과—3〕

雨が降りそうです。

◉ 자신의 능력이나 상태로부터 판단하여, 실현할 가능성이 있는 것을 나타냄

〔초급 Ⅱ 제35과—1〕

読めそうです。

◉ 자신의 능력이나 상태로부터 판단하여, 실현할 가능성이 적은 것을 나타냄

〔초급 Ⅱ 제35과—1〕

読めそうにありません。

■ 어떤 일이 일어나기 직전의 상태임을 나타냄 〔중급 Ⅰ 제1과〕

話をする時、緊張しそうになったらリラックスするようにしている。

～たら

◉ 전건에 가정성이 별로 없고, 시간의 경과에 따라 당연히 실현되는 사항을 서술함

〔초급 Ⅱ 제31과—3〕

空港についたら、すぐにチェックインしてください。

◉ 예상치 못했던 일이 일어났다는 느낌을 나타냄 〔초급 Ⅱ 제32과—5〕

駅に着いたら、もう、人がおおぜいいました。

■ 아직 현실에서 일어나지 않은 것을 가정하고, 그 후의 행동을 서술함 〔중급 Ⅰ 제1과〕

わからない言葉があったら、ゆっくり話してもらう。

■ 현재의 사실과 다른 것을 가정하고, 의견이나 희망을 서술함 〔중급 Ⅰ 제1과〕

もし、あの時手紙を書かなかったら、どうなっていたでしょうか。

◉ 자신의 의지를 서술함 〔초급 Ⅱ 제20과—2〕

　東都大学を受けるつもりです。

■ 어떤 일을 할 의지가 없음을 나타냄 〔중급 Ⅰ 제4과〕

　10年はやめるつもりはないって言ってたのに、どうしたの。

～て（原因・理由）

◉ 「～て、～できない。」라는 문장으로, 후건의 사건의 원인이 되는 상태를 서술함
〔초급 Ⅱ 제27과—5〕

　重くて持てません。

◉ 곤란했던 일이나 힘들었던 일, 기뻤던 일 등의 이유를 나타냄 〔초급 Ⅱ 제34과—3〕

　進路が決まらなくて、心配しました。

～てある

◉ 다른 사람의 동작의 결과로서 물건이 존재하는 상태를 시각적으로 취해 묘사함
〔초급 Ⅱ 제32과—1〕

　この雑誌にいろいろ書いてあります。

◉ 준비가 완료되어 있음을 나타냄 〔초급 Ⅱ 제36과—3〕

　注文してあります。

～ている

◉ 동작의 진행을 나타냄 〔초급 Ⅰ 제10과—3〕

　広田さんは、今、電話をしています。

◉ 사람의 사회적인 상태를 나타냄 〔초급 Ⅰ 제11과—2〕

　横浜に住んでいます。

◉ 사람의 복장을 나타냄 〔초급 Ⅱ 제19과—6〕

　赤いTシャツを着ています。

◉ 어떤 사건의 결과로 발생한 상태를 나타냄 〔초급 Ⅱ 제27과—1〕

壁が汚れています。

● 동작이나 사건의 결과의 상태를 나타냄〔초급Ⅱ 제35과—2〕

講演会はもう始まっていますか。

■ 동작의 계속을 나타냄 (현재)〔중급Ⅰ 제3과〕

ショーケースを見ています。

■ 동작이나 사건의 결과의 상태를 나타냄 (현재)〔중급Ⅰ 제3과〕

ガラスが割れています。

■ 동작의 계속을 나타냄 (과거)〔중급Ⅰ 제3과〕

お客様がお二人、指輪を見ていらっしゃいました。

■ 동작이나 사건의 결과의 상태를 나타냄 (과거)〔중급Ⅰ 제3과〕

ガードマンが懐中電灯を持って来た時は、ショーケースが割れていました。

■ 위치나 지형 등을 나타냄〔중급Ⅰ 제6과〕

新宿は東京都23区のほぼ中央に位置しています。

■ 동작의 반복을 나타냄 (현재・과거)〔중급Ⅰ 제6과〕

姉は週3回英会話教室に通っています。

甲州街道を荷馬車や牛車が走っていたんですよ。

～てしまう

● 의도하지 않았던 일이 일어나 버렸음을 나타냄〔초급Ⅱ 제19과—3〕

子供がいなくなってしまったんです。

● 동작이 완료된 것을 나타냄〔초급Ⅱ 제35과—6〕

もう読んでしまいました。

～ても

● 조건을 만족하고 있음에도 불구하고 결과가 수반되지 않을 경우의 조건을 나타냄

〔초급Ⅱ 제26과—1〕

電源を入れてもつかないんです。

● 횟수나 빈도를 나타내는 단어와 함께, 노력했지만 성공하지 못했음을 나타냄

〔초급Ⅱ 제35과—5〕

いくら読んでもわかりません。

■역설의 가정 표현 중, 예정 외의 사태가 일어났을 경우 〔중급 I 제4과〕

叔父さんたちが若いころはそういう問題があっても、我慢していたんだけどね。

～と

● 전건이 성립하면, 그 결과로 후건에 서술된 사항이 자연스럽게 발생하는 용법
〔초급 I 제12과―6〕

薄切りの牛肉を長く煮ると、固くなります。

● 길을 설명할 때의 관용구적인 용법 〔초급 II 제19과―8〕

ここをまっすぐ行くと、エスカレーターがございます。

～ところ

● 지금 막 그 행위가 종료되었음을 나타냄 〔초급 II 제29과―3〕

今、終わったところです。

● 무언가가 진행되고 있는 상태를 나타냄 〔초급 II 제33과―3〕

穴が開いていないかどうか検査をしているところです。

● 동작이나 행위 등을 하기 직전의 상태를 나타냄 〔초급 II 제35과―3〕

ちょうど今始まるところです。

～なら

● 명사에 접속하여, 강조하는 의미를 나타냄 〔초급 II 제22과―3〕

ピアノなら弾けます。

● 동사의 현재형에 접속하여 조건을 나타냄 〔초급 II 제31과―1〕

安く確実に行くならモノレールに乗るといいです。

～になる

● 변화를 나타냄 〔초급 I 제12과―5〕

前はさしみが嫌いでしたが、今は好きになりました。

■ 경과한 시간을 나타냄〔중급 I 제4과〕

東都銀行に勤めて3年になる OL。

~はず

● 사실이나 예정 등으로부터 추측하거나 예상하여 자신의 판단을 서술함

（「はず」 앞의 형태를 동사 기본형 현재에 한함）〔초급 II 제19과—5〕

この近くにいるはずです。

■ 사실이나 예정 등으로부터 추측하거나 예상하여 자신의 판단을 서술함

（「はず」 앞의 형태에 제한을 두지 않음）〔중급 I 제3과〕

自動ドアは開かなかったはずです。

~ば

● 전건이 성립하면 반드시 후건도 성립함〔초급 II 제22과—4〕

練習すれば、弾けます。

● 어떤 사항을 가정하고, 그것을 근거로 후건에서 화자의 판단이나 태도를 서술함

〔초급 II 제35과—8〕

忙しくなければ行きます。

名詞修飾

● 명사 수식 1〔초급 I 제13과—3〕

アルンさんは大学院で経済学の勉強をしている学生です。

① 문장 구조

명사 수식절이 술부에 오는 것

アルンさんは大学院で経済学の勉強をしている学生です。

② 명사에 접속하는 형

大学で建築の勉強をしている学生

よく勉強する学生

③ 피수식 명사

「사람」에 준하는 것만

◉ 명사 수식 2 〔초급Ⅰ 제18과―2〕

最近、朝ごはんを食べない人が増えてきた。

① 문장 구조

명사 수식절이 주부에 오는 것

最近、朝ごはんを食べない人が増えてきた。

② 명사에 접속하는 형

朝ごはんを食べない人

まだ、辞書を買っていない人

昨日、欠席した人

③ 피수식 명사

「사람」에 준하는 것만

◉ 명사 수식 3 〔초급Ⅱ 제21과―5〕

これは母が作ったお菓子です。

① 문장 구조

명사 수식절이 술부에 오는 것

これは母が作ったお菓子です。

명사 수식절이 주부에 오는 것

私が明日訪問するお宅は、三鷹駅のそばです。

그 외

ファッションの専門学校の文化祭で、学生が作った服を買いました。

武：どこでお茶を飲みましょうか。
良子：先週行った店へ行きませんか。

② 명사에 접속하는 형

母が作ったお菓子

私たちが泊まるホテル　（미래）

私が今勉強している学校

③ 피수식 명사

모든 것

■ 명사 수식 4 〔중급Ⅰ 제6과〕

この町づくりは、1960年に東京都が発表した「新宿副都心建設計画」によって
スタートしました。

① 문장 구조

명사 수식절이 주부에 오는 것

　　日本の大学や専門学校に進学する外国人学生は、毎年増えています。

그 외

　　今度使う教科書を買いに、大きい本屋へ行った。

　　去年、友達と北海道に行く計画を立てたが、実現しなかった。

　　私が小学校を卒業した年に、弟が生まれました。

　　私は、飛行機の時間に遅れて乗れなかった経験があります。

② 명사에 접속하는 형

　　いつも行く喫茶店

　　今度使う教科書　（미래）

　　昨日友達がくれた本

③ 피수식 명사

　　모든 것

■명사 수식 5〔중급Ⅰ 제6과〕

　리ーさんは日本語学校で勉強している留学生です。

① 문장 구조

　　명사 수식절이 술부에 오는 것

　　　リーさんは日本語学校で勉強している留学生です。

　　명사 수식절이 주부에 오는 것

　　　私が今勤めている会社は、小さな貿易会社です。

② 명사에 접속하는 형

　　　私が今勤めている会社

　　　私が20年前に勤めていた会社

③ 피수식 명사

　　　모든 것

もう／まだ

● 행위가 완료되었는지 어떤지를 물음〔초급Ⅰ 제11과—10〕

　A：もう学校を決めましたか。

　B：｛はい、もう決めました。

　　　　いいえ、まだ決めていません。

● 동작이나 상태가 계속되고 있는지 어떤지를 물음〔초급Ⅰ 제16과—2〕

Ａ：まだ痛いですか。

Ｂ：いいえ、もう痛くありません。

～よう／みたい

◉비유를 나타냄〔초급Ⅱ 제31과—5〕

まるで、おもちゃ $\left\{ \begin{array}{l} のようです。 \\ みたいです。 \end{array} \right.$

◉지금 처한 상황을 근거로 하여, 어떤 사항에 대해 화자의 주관적인 판단을 서술함
〔초급Ⅱ 제32과—2〕

最近忙しい $\left\{ \begin{array}{l} ようです。 \\ みたいです。 \end{array} \right.$

◉비유를 나타냄(동사, 형용사, 명사에 접속하는 형)〔초급Ⅱ 제33과—2〕

紙 $\left\{ \begin{array}{l} のように \\ みたいに \end{array} \right\}$ 薄いです。

ロボットがまるで人間 $\left\{ \begin{array}{l} のように \\ みたいに \end{array} \right\}$ 歩いています。

あの時計のようなものは何ですか。

■예를 나타냄〔중급Ⅰ 제2과〕

今みたいな／(の)ような時は、何と言えばいいんでしょうか。

NEW Bunka NIHONGO 교사용 매뉴얼

초판발행_ 2001년 6월 25일
1판 2쇄_ 2010년 9월 30일

저자 _ 文化外国語専門学校日本語科
표지디자인_ 신영미
펴낸이_ 엄호열
펴낸곳_ (주)시사일본어사
등록일자_ 1977년 12월 24일
등록번호_ 제300-1977-31호
주소_ 서울 종로구 원남동 13번지
전화_ 1588-1582(교재구입문의)
 02)3671-0572(교재내용문의)
팩스_ 02)3671-0500
홈페이지_ book.japansisa.com
이메일_ tltk@chol.com

ISBN 978-89-402-4133-9 13730
(set) 978-89-402-4120-2 18730

日本 文化外国語専門学校日本語科와 라이센스 독점 출판